著作权法解读与应用

袁 博 著

知识产权出版社

全国百佳图书出版单位

图书在版编目（CIP）数据

著作权法解读与应用/袁博著. —北京：知识产权出版社，2018.1
（2019.7重印）

（知识产权法官论坛）
ISBN 978-7-5130-5282-5

Ⅰ.①著… Ⅱ.①袁… Ⅲ.①著作权法—法律解释—中国
Ⅳ.①D923.415

中国版本图书馆 CIP 数据核字（2017）第 285316 号

内容提要

本书对我国《著作权法》的条款进行了详细的解读，与同类书籍不同，本书融入了作者多年的司法实践经验和学理上的创新思考，在实践指导和理论分析之间找到了合理的平衡。同时，本书还向读者诚恳地展示了知识产权专业法官的认知逻辑和思维路径，诠释了"法官是如何思考的"。本书兼具理论性和可操作性，适合相关专业的法务人员和高校师生阅读参考。

责任编辑：崔 玲　　　　　　　责任校对：谷 洋
封面设计：SUN工作室 韩建文　责任出版：刘译文

著作权法解读与应用
Zhuzuoquanfa Jiedu Yu Yingyong
袁 博 著

出版发行：	知识产权出版社 有限责任公司	网　址：	http://www.ipph.cn
社　址：	北京市海淀区气象路 50 号院	邮　编：	100081
责编电话：	010-82000860 转 8335	责编邮箱：	keweicoca@163.com
发行电话：	010-82000860 转 8101/8102	发行传真：	010-82000893/82005070/82000270
印　刷：	北京嘉恒彩色印刷有限责任公司	经　销：	各大网上书店、新华书店及相关专业书店
开　本：	787mm×1092mm　1/32	印　张：	7.25
版　次：	2018 年 1 月第 1 版	印　次：	2019 年 7 月第 2 次印刷
字　数：	150 千字	定　价：	28.00 元
ISBN 978-7-5130-5282-5			

序

　　本书的宗旨在于尝试使用一种更接地气的方式来叙述严肃、刻板的法条，作者希望借助自己八年的知识产权从业经验以及研究视角，帮助学习版权法的高校学生、法律从业者获得一种全新的阅读体验，同时，也从某种角度展现一个法官观察案件的视角和思考的维度。本书是作者数年理论思考的成果，希望对读者有所裨益。由于水平所限，文章的某些观点和表达难免错漏，欢迎批评指正。

目　录

第一条 【立法宗旨】

为保护文学、艺术和科学作品作者的著作权，以及与著作权有关的权益，鼓励有益于社会主义精神文明、物质文明建设的作品的创作和传播，促进社会主义文化和科学事业的发展与繁荣，根据宪法制定本法。

条文解读

这一条说明了《著作权法》的立法宗旨，虽然位列首条，但是实践中援引不多。值得注意的是其中和"文学、艺术作品"并列的"科学作品"的概念。事实上，在《著作权法实施条例》规定的作品的十三种类型中，属于"文学、艺术作品"的占绝大多数，其共同特征是表现出某种"艺术的美感"。其中属于"科学作品"的并不多，典型的是图形作品中的"工业设计图"（包括工程设计图、产品设计图等）。

从本质上说，工业设计图的主要功能是指导产品研发和工程建造，因此似乎实用性的特征更为强烈，应当纳入专利法的保护范畴。但是，由于工业设计图本身由线条、图形等技术语言构成，体现了严谨、精确、简洁、和谐和对称的"科学之美"，❶ 因而作为另外一种审美价值也逐渐被中西方共同接受。必须指出的是，"工业设计图"作为作品受到保护的是其本身的图形语言，而不是其转变为工程或者实物之后的美感或者功能。❷ 例如，两位工程师同时绘制了两架飞机的设计图，一架功能优越，另一架与常规飞机并无二致，则两张设计图都构成受到著作权法保护的作品。❸ 以下以电影《星球大战》中的头盔是否可以构成美术作品为例展开说明。

围绕著名电影《星球大战》的头盔道具，在英国曾发生过一起奇特的诉讼。原来，在《星球大战》系列电影诞生前的几年，Lucas 曾与 Ainsworth 商谈为电影中的暴风部队设计人物头盔。Ainsworth 制造了若干头盔模型，获得 Lucas 批准后，为电影制造了 50 个头盔。之后，电影大获成功。Ainsworth 眼看 Lucas 大赚一笔，在充满羡慕的同时也于 2004 年开始复制头盔并在网上公开出售，因而被 Lucas 诉至英国法院。最终，英国法院认为头盔道具不能构成著作权法所保护的作品。❹

❶ 王迁. 论著作权法保护工业设计图的界限——以英国《版权法》的变迁为视角 [J]. 知识产权，2013（1）.

❷ 2012 年《著作权法》（修正草案）通过明确建筑作品的内涵，表明了"图形作品中的功能性因素不属于著作权保护范围"这一立场. 杨利华. 功能性作品著作权保护制度研究 [J]. 知识产权，2013（11）.

❸ 王迁. 知识产权法教程 [M]. 2 版. 北京：中国人民大学出版社，2009：93.

❹ 王德慧.《星球大战》的"头盔"砸了谁的脚？[EB/OL]."知产力"微信公众号.

那么，如果同样的案件发生在中国，会有什么样的结果呢？换言之，《星球大战》的头盔可以被认定为作品吗？事实上，类似的问题还有很多，比如，坦克可以构成作品吗？AK47自动步枪可以构成作品吗？防弹衣可以构成作品吗？

这样的问题似乎并不容易回答。对照作品的定义"在文学、艺术和自然科学、社会科学、工程技术等领域创作的作品"，人们似乎也难以理出头绪。从直觉上判断，《星球大战》中的头盔按照剧情设置属于流水线上批量生产的实用工业品（类似于坦克、步枪、防弹衣等工业品），似乎不应纳入作品范畴，否则，那些车间里流水线上的日常工业品如发动机、零配件也都可以构成作品，而这与人们的直观认知不符；从外部进行观察，人们又不得不承认星战头盔的外形曲线的确与普通的摩托车头盔或安全头盔在轮廓上差异显著，体现出某种特别的设计理念，似乎也是一种思想的"表达"。那么，星战头盔应当被纳入作品范畴吗？以下展开分析。

第一，一般的实用工业品在分类上不宜被纳入作品范畴。著作权法的基本理念是"保护思想的独创性表达但不保护思想"，而工业品也是人类为了满足生活、生产需要而设计出来的客观实体，其造型功能也同样反映了人们的思想。例如，发动机反映了人类制造内燃动力的思想，螺钉反映了人们紧固两个物体的思想，但是人们在生活中却并不把这些物品当成作品加以欣赏。这是因为，工业品主要是为了满足人们的物质生活需要，而作品主要是为了满足人们的精神审美需要。由此可见，能够体现思想的表达未必都能构成作品，还要区分这种思想究竟是美学的思想还是实用的思想。正是为了区分这种差异，在"思想—表达二分法"原则之外，有人在著作权理论体系中引入了第二个"二分法"原则，即"实用—非实用二分法"原则，这一原则确定了这样一个标准：具有功能性、实用性的表达应被纳入专利法保护，而不具有功能性和实用性的表达才能有条件地被纳入著作权法保护。❶ 这一标准不但与人们对作品的日常认识一致，而且成为世界通行的理念——大多数国家的著作权法和《伯尔尼公约》《世界版权公约》都把作品限定在文学、艺术和科学领域内，立法根据正是基于该"二分法"原则。❷

第二，将实用工业品纳入著作权法保护将导致技术垄断。"上帝的归上帝，凯撒的归凯撒"，自著作权法和专利法诞生以来，人们对二者的客体范围确立了一个概念上的分野：前者保护文字、图形和音乐等形式的表达，后者保护用于解决实际问题的技术方案。对于一件实用工业品而言，并没有著作权存在的空间，原因在于：①实用工业品的外观造型主要是体现了某种先进的设计理念和解决实际问题的技术方案，而这并不属于重视审美价值的作品的客体范畴；②实用工业品的外观造型在短期专利（外观设计专利）期限届满后可以迅速进入公有领域，

<hr />

❶ 郭禾. 知识产权法教学参考书［M］. 北京：中国人民大学出版社，2003：67-68.

❷ 金渝林. 论版权理念的作品概念［J］. 中国人民大学学报，1994（3）.

从而促进社会整体科技进步；③如果一件不足以构成外观设计的实用工业品却可以受到著作权法保护，就会形成一个悖论：不构成外观设计的工业品比受到专利法保护的工业品得到更为严密的保护。因为，著作权法的保护期限更长，其权利成立也不需要国家机构的严格审查，权利人可以获得更为优越的垄断地位，而这种作品的表达往往是早已成为公知常识的技术或者同业人员轻易可以想到的知识，仅仅只是未在先付诸于文字而已。因此，对于实用工业品而言，不应施以著作权法保护，正如美国联邦最高法院在 Baker v. Selden 一案中所指出的那样，"给予作品作者对其描述的技术以专有财产权，而不对其新颖性进行官方审查，是对官方的欺诈"。❶ 可以想象，如果螺钉、汽车尾气管、打印机墨盒这些纯工业品都被授予版权，人们为了防止侵权必然要规避这些物品的设计，而这些物品的外形大多由功能所决定，规避设计必然会导致技术效能下降，从而造成行业整体上的技术后退和产品质量缩水，造成工业设计上的灾难（这一点已被英国版权史上的司法实践证明），❷ 而获得版权的产品制造商则可以迅速形成不合理的竞争优势。

第三，主要以实现功能为主的工业品设计难以纳入作品范畴。现以坦克为例进行分析。"二战"时，德军所制造的"追猎

---

❶ Baker v. Seldon, 101 U. S. 99, at 102（1880）.

❷ 王迁. 论著作权保护工业设计图的界限——以英国《版权法》的变迁为视角 [J]. 知识产权，2013（1）.

者"坦克歼击车（以下仍称为"坦克"），造型非常独特。从外形上看，"追猎者"坦克并没有完全脱离人们头脑中一般坦克的形象，当然，与一般的坦克相比，"追猎者"坦克线条流畅、造型紧凑、外形独特，但是，这种线条和外形的差异，是美感的表达，还是技术的必需呢？众所周知，"追猎者"坦克是一种面向实战的武器，其考虑的基本方面包括火力输出、移动速度、防护能力、通信能力等。坦克的设计从外观造型、部件设计到材料选取，全部要围绕上述理念，从而使得坦克在战场上的生存能力达到最大。在这种设计理念的指导下，艺术美感并不是坦克设计需要考虑的必要方面。例如，"追猎者"坦克之所以车身轮廓线条低矮紧凑，就是因为它没有炮塔，而这就降低了被远处的敌方发现和击中的概率。可见，在这一前提下，无论"追猎者"坦克的轮廓曲线多么令人赏心悦目、具有审美价值，也不能受到著作权法的保护。因为在这种情况下，设计所带来的艺术美感和其具有的实用功能无法分离，一旦不采用这种设计，坦克具有的减少被发现和被打击的概率的实用效能也随之消失。在功能本位主义的设计理念下，实现某种最佳技术效果的造型往往只有一种或者少数几种，基于著作权法"唯一性表达不构成作品"的理念，这种设计即使独特，也是构建在特定功能上的"独特"，并不能成为构成作品的理由。❶ 行文至此，

---

❶ 美国联邦最高法院在"梅泽"一案中确立了"分离特性与独立存在"的原则作为判断工业品外观设计能否纳入版权保护的标准，对此后影响极大。

可以得出结论：军事武器装备的外观造型即使独特，如果不是为了满足审美，而是军事实用使然，就不满足美术作品的定义。但是，值得指出的是，如果将坦克等武器按照较小比例生产出模型，则有可能构成模型作品。这是因为，尽管坦克的外形可能与实战功能无法分离，但当缩小尺寸生产后，其实用功能已经消失，外部线条如果具有审美价值，仍然可以构成模型作品而受到著作权法保护。❶

因此，如果星战头盔在现实中也具有和电影中一样的防护、通信功能，而且这些功能和头盔的外形设计密不可分，那么，无论星战头盔的外形多么独特，也不能构成美术作品。但是，我们知道，星战头盔事实上只是科幻电影中的道具，换言之，它本身的设计并不会引发电影中那些神奇的功能。因此，由于是道具，不受功能限制，星战头盔的设计空间就变得非常大，而设计头盔时基本可以无视其物理功能，而完全按照设计师本人的审美趣味进行。正因如此，我们看到，设计师事实上设计了 50 个头盔，而且风格各异。而我们知道，现实中的军用头盔基本上大同小异，因为他们都要实现同样的防护功能，这决定了现实中的军用头盔在造型设计上无法像不需要考虑实战功能的星战头盔那样随心所欲。因此，从这一角度，可以认为，星战头盔的外观造型与功能基本无关，主要体现了一种审美意义上的视觉造型，因此，凭借其独特造型，可以构成作品。

---

❶ 王迁. 知识产权法教程［M］. 2 版. 北京：中国人民大学出版社，2009：97.

第二条 【中国作品和外国作品】

中国公民、法人或者其他组织的作品，不论是否发表，依照本法享有著作权。

外国人、无国籍人的作品根据其作者所属国或者经常居住地国同中国签订的协议或者共同参加的国际条约享有的著作权，受本法保护。

外国人、无国籍人的作品首先在中国境内出版的，依照本法享有著作权。

未与中国签订协议或者共同参加国际条约的国家的作者以及无国籍人的作品首次在中国参加的国际条约的成员国出版的，或者在成员国和非成员国同时出版的，受本法保护。

[《著作权法实施条例》相关规定]

第六条　著作权自作品创作完成之日起产生。

第七条　著作权法第二条第三款规定的首先在中国境内出版的外国人、无国籍人的作品，其著作权自首次出版之日起受保护。

第八条　外国人、无国籍人的作品在中国境外首先出版后，

30 日内在中国境内出版的，视为该作品同时在中国境内出版。

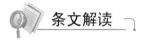

条文解读

本条第一款说明了作品享有著作权并不需要以公开发表为前提。但是在著作权侵权案件中，作品从未发表可能会增加作者的举证难度，因为作者必须要提供其他有力证据证明自己和作品之间的创作关系。相比较而言，作品如果能在公开的载体上发表，反而对作者有利，因为作者很容易取得相关的证据，而且很有证明力和说服力。

本条第二款到第四款说明了外国人、无国籍人的作品在中国受到保护的条件。根据条文，三款各自代表了三种情况，从中可以看出受到我国著作权法保护的外国人、无国籍人在主体上非常宽泛。例如，詹姆没有国籍，经常居住地为 A 国，詹姆创作的小说《毒红果》在 B 国首次出版，我国公民张三在 B 国购买了该小说后未经许可将其翻译后在我国境内出版。则只要 A 国或者 B 国加入了《保护文学艺术作品伯尔尼公约》，詹姆的作品就可以受到我国著作权法保护。此外，值得关注的是近年来国外权利人多在商标争议中主张其在先著作权来保护自己的合法权益，例如"云山之巅及图形"商标争议案。

第三条 【作品种类】

本法所称的作品，包括以下列形式创作的文学、艺术和自然科学、社会科学、工程技术等作品：

（一）文字作品；

（二）口述作品；

（三）音乐、戏剧、曲艺、舞蹈、杂技艺术作品；

（四）美术、建筑作品；

（五）摄影作品；

（六）电影作品和以类似摄制电影的方法创作的作品；

（七）工程设计图、产品设计图、地图、示意图等图形作品和模型作品；

（八）计算机软件；

（九）法律、行政法规规定的其他作品。

[《著作权法实施条例》相关规定]

第二条　著作权法所称作品，是指文学、艺术和科学领域内具有独创性并能以某种有形形式复制的智力成果。

第三条　著作权法所称创作，是指直接产生文学、艺术和科学作品的智力活动。

为他人创作进行组织工作，提供咨询意见、物质条件，或者进行其他辅助工作，均不视为创作。

第四条 著作权法和本条例中下列作品的含义：

（一）文字作品，是指小说、诗词、散文、论文等以文字形式表现的作品；

（二）口述作品，是指即兴的演说、授课、法庭辩论等以口头语言形式表现的作品；

（三）音乐作品，是指歌曲、交响乐等能够演唱或者演奏的带词或者不带词的作品；

（四）戏剧作品，是指话剧、歌剧、地方戏等供舞台演出的作品；

（五）曲艺作品，是指相声、快书、大鼓、评书等以说唱为主要形式表演的作品；

（六）舞蹈作品，是指通过连续的动作、姿势、表情等表现思想情感的作品；

（七）杂技艺术作品，是指杂技、魔术、马戏等通过形体动作和技巧表现的作品；

（八）美术作品，是指绘画、书法、雕塑等以线条、色彩或者其他方式构成的有审美意义的平面或者立体的造型艺术作品；

（九）建筑作品，是指以建筑物或者构筑物形式表现的有审美意义的作品；

（十）摄影作品，是指借助器械在感光材料或者其他介质上

记录客观物体形象的艺术作品;

（十一）电影作品和以类似摄制电影的方法创作的作品，是指摄制在一定介质上，由一系列有伴音或者无伴音的画面组成，并且借助适当装置放映或者以其他方式传播的作品;

（十二）图形作品，是指为施工、生产绘制的工程设计图、产品设计图，以及反映地理现象、说明事物原理或者结构的地图、示意图等作品;

（十三）模型作品，是指为展示、试验或者观测等用途，根据物体的形状和结构，按照一定比例制成的立体作品。

条文解读

本条规定的是作品的类型。其重要意义在于，由于"著作权法定"（包含作品类型法定和作品定义法定），每一个构成作品的智力成果，都必然可以被归入著作权法所规定的某一类别。如果某一智力成果难以被纳入上述类别，那么就不能被认定为著作权法所称的"作品"。例如，对于体育赛事直播节目，是否构成作品，存在极大争议，其原因在于，在上述作品类别中，体育赛事直播节目只能勉强归入"类似摄制电影的方法创作的作品"，但由于体育直播节目的独创性高度明显低于"类似摄制电影的方法创作的作品"，因此尽管有法院在具体案件（如"新浪公司诉凤凰网案"❶）中认定过体育赛事直播节目为该类作品，但争议至今未断。以下按照作品的各种类型分别展开说明。

一、文字作品

文字作品是著作权诉讼中出现频率较高的作品类型。以下笔者以"琼瑶诉于正案"为例说明文学类作品如何进行侵权比对。

2015 年年底，北京市高级人民法院就"琼瑶诉于正案"作出二审判决：驳回被告上诉，维持原判。法院认定《宫锁连城》侵犯《梅花烙》的改编权和摄制权，判令五被告停止侵权，赔偿原告 500 万元。该案判决后，产生了重大的社会反响。作为一个标杆型的著作权案件，该案的重大价值绝不仅限于个案的意义，而是辐射一类案件。通过详实的裁判文书，一审、二审法院用令人信服的举例和说理明确了文学类作品侵权比对的两条重要规则。

第一，文学作品中思想与表达的划分较为复杂，需要分层分析。文学作品的表达既不能仅仅局限为对白台词、修辞造句，也不能将文学作品中的主题、题材、人物普通关系认定为著作权法保护的表达。

具体而言，文学作品的构成要素包括作品主题、主线情节、人物角色、展开情节、具体场景、文字描述、人物对话等。这

---

❶ 参见北京市朝阳区人民法院（2014）朝民（知）初字第 40334 号判决。

些要素由抽象向具体渐变，形成一个以思想为核心、以表达为包裹逐层向外辐射的作品体系。

所谓作品主题，是指一部作品表达的中心思想或者宏观命题。例如，西方名著《基督山伯爵》的主题是"复仇"，而类似的文学母题在世界文学作品中屡见不鲜，如我国的《赵氏孤儿》、英国的《王子复仇记》、日本的《四十七武士》等。显然，作为抽象的思想，作品主题不可能被某个作者垄断，因此被公认属于公有领域的思想范畴。

主线情节，是在作品主题之下的第一层展开。例如，《基督山伯爵》为了使"复仇"这一主题具体化，创作了"主人公蒙冤入狱，后来设法越狱并报仇雪恨"的主线情节。显然，主线情节虽然是作品主题的具象，但是仍然属于较为抽象的范畴，因为仅凭"主人公蒙冤入狱，后来设法越狱并报仇雪恨"这一情节，人们会联想到很多文学作品或影视作品均有类似的情节，例如风行一时的美剧《越狱》以及经典电影《肖申克的救赎》等。显然，主线情节也无法纳入作品表达的范畴。因为这种诸如"蒙冤入狱后出狱雪恨""有情人历经磨难终成眷属""坏蛋作恶多端终有恶报""好人勤奋刻苦终获成功"的主线情节，都属于作品宏大主题（复仇、爱情、善恶、奋斗）下的第一层子命题，不但为人们所熟知，也是中外作者自由创作的通用要素，因而将其归入作品的思想范畴显得顺理成章。

人物角色，是指作品所塑造的人物性格、心理特征、外貌形象等复杂的综合形象体。对于人物角色的判断，需要进行一分为二的分析。人物角色可以分为真实存在的人物和文学虚拟的形象。对于真实存在的人物，由于其事迹属于事实范畴，因此对基本事迹的简单描述属于著作权法上的"唯一性表达"，不属于作品的表达范畴，只有作者基于对人物性格的把握而演绎的独创性细节才可以构成表达受版权法保护；对于虚拟的文学形象，则由于作者对该形象的创造常常是基于现实生活中的人物典型或者是若干典型人物性格的糅合所完成，因而其形象兼有典型人物角色形象和作者独创的部分。例如，一提到吝啬鬼形象，人们马上会想到《威尼斯商人》中的夏洛克、《守财奴》中的葛朗台，《儒林外史》中伸着两个手指头不肯瞑目的严监生。而文学作者在创造类似形象时，常常会参考这些经典形象，因而具体到某一吝啬鬼塑造时会吸纳公有领域典型形象的某种特征成分。因此，对于此种情形，应将这种人物形象中的典型特征成分排除出作品的表达范畴。正是基于这个原因，美国法院在 Nichols v. Universal Pictures Corp. 一案中提出，人物角色被开发的程度越低，其受到版权的保护越小。

展开情节，是指在主线情节下的第二层展开，即作者为了进一步贯彻作品主题，使主线情节更加具体、生动而塑造的个性化情节。例如，《西游记》的主题是"取经"，主线情节是"师徒四人经历千辛万苦、降服各种妖怪后取得真经"，而具体情节展开就是诸如"偷吃人参果""三打白骨精""大闹盘丝洞"等。一般认为，展开情节由于是对主线情节的具体化，具有很大的创作自由度，因此除非是公认的桥段（例如武侠作品中经常出现的主人公失足掉下悬崖但大难不死，反而有奇遇），一般在司法实践中将其视为作品的表达范畴。

具体场景、人物对话、文字描述，就是构成展开情节的基本要素，属于作品的底层表达要素。由于具体场景已经具体到明确的时间、地点、人物、因果关系、背景设置，而人物对话、文字描述更是体现作者独创性的重要方面。因此，当作品比对进行到这一层面时，作品是否构成侵权就变成了相对简单的技术问题，法官只需要进行字面比对和相似度评估就可以得出答案。

综合以上对作品各个构成元素的分析，可以得出这样的结论：就一部作品而言，作品主题、主线情节、人物角色中的典型特征属于作品的思想，不受著作权法的保护，换言之，作品是否被侵权，需要从展开情节、具体场景、人物对话、文字描述等方面去寻找答案。在"琼瑶诉于正案"中，琼瑶所主张的剧本 21 个情节（小说主张 17 个情节），正属于主线情节下的第二层展开的展开情节，在具备独创性的前提下（法院判定为 9 个），正属于著作权法所保护的表达，与其他的具体场景、人物对话、文字描述等，共同构成原告作品中受到著作权保护的核心部分。

第二，文学作品中，情节的前后衔接、逻辑顺序将全部情节紧密连接为完整的个性化表达。这种足够具体的人物设置、情节结构、内在逻辑关系的有机结合体同样可以成为受著作权法保护的表达。如果被诉侵权作品中包含权利人作品足够具体的表达，且前述紧密连接的情节设置在被诉侵权作品中达到一定数量、比例，可以认定为构成实质性相似；或者被诉侵权作品中包含的紧密连接的情节设置已经占到了权利作品足够的比例，即使其在被诉侵权作品中所占比例不大，也足以使受众感知到来源于特定作品时，同样可以认定为构成实质性相似。

必须指出，主题相近的作品创作的确会导致个别或者局部情节相似，这是文学创作中的正常现象，但是，如果一部作品在情节展开后，无论是在人物角色的结合上，还是在故事发展的先后顺序上，都与另一部作品——对应，互相呼应，形成了如影随形的相似关系，就无法撇清抄袭他人作品的嫌疑，因为从数学概率上看，这样的可能性微乎其微。因此，即使侵权人对于抄袭的情节能够——找到表面上合法或者合理的来源或者出处（例如公知的情节或者桥段），但只要诸多情节的前后连接、组合以及与人物关系均保持一致，就无法构成有效抗辩。例如，在本案中，正如原告方所指出的那样，被告可以用《红楼梦》中宝黛钗的关系来抗辩原告作品中的男女主人公与公主关系的独创性，但是，宝黛之间的关系继续发展却不是偷龙转凤；被告可以用《西游记》中唐僧幼年被置于木盆放入江流被老和尚捡走的故事来抗辩"女婴被拾、收为女儿"情节的独创性，但是，唐僧日后却没有下嫁给某位王公贵族子嗣为妾；被告可以用《水浒传》中鲁提辖拳打镇关西救卖唱女的故事来抗辩涉案两剧的"英雄救美"桥段，但是，鲁智深日后并没有与被救下的卖唱女之间发生凄婉动人的爱情。正如一审判决所指出的那样，文学作品中的人物设置及人物关系，如果仅仅是"父子关系""兄弟关系""情侣关系"等，应属于思想范畴；如果就上述人物关系结合故事情节加以具体化，即"父亲是王爷而儿子是贝勒但两人并非真父子"，"哥哥是偷换来的贝勒而弟弟是侧福晋的儿子"，"情侣双方是因偷换孩子导致身份颠倒的两个特定人物"，则相对于前述人物关系设置而言，这样的具体设计则更倾向于表达；如果再将特定事件安插在存在特定关系的人物之间，则无疑又是对人物设置及人物关系更为具体化的设计。如果人物身份、人物之间的关系、人物与特定情节的具体对应等设置已经达到足够具体细致的层面，那么人物设置及人物关系就将形成具体的表达。

在该案中，原告指控被告侵权的 21 个情节及其有机连接构成了原告作品《梅花烙》的主要故事表达，被告仅仅是在角色身份上做了变换，而人物关系以及情节互动仍给人一种强烈的"复制"之感。当情节的相似已经到了连多处细节都相仿时，是否构成相似的答案已经呼之跃出。因此，对于这种情形，可以认为，已经对作品的主要部分的独创性表达构成了明显侵害。正如原告所主张的那样，除了故事结局不同之外，原告几乎可以从被告的《宫锁连城》中剪辑出一套《梅花烙》出来，"如果说《宫锁连城》是一缸水的话，那么《梅花烙》就仿佛是一桶水，被于正整个倒了进去"。

本案中，琼瑶所主张的情节，如果以剧本《宫锁连城》中的所有情节来计算比照，所占比例并不高，但是其包含的情节设置在原告作品中已经占到了足够充分的比例（上述情节是《梅花烙》的绝大部分内容），以致受众足以感知到来源于原告作品，因此，二者在整体上仍然构成实质性相似。

二、口述作品

口述作品由于往往没有固定下来（例如固定为录音或者文字稿），因而发生侵权诉讼时作者在举证方面并不轻松。在实践中由于口述作品而引发的侵权诉讼也并不多见。为了说明问题，这里列举两种典型的口述作品被侵害的情形。

（1）某教授在课堂上即兴发挥讲解了某一理论，非常生动，某学生在笔记上进行了记录，随后整理成论文以自己名义发表，则构成对该教授口述作品的侵害。

（2）在某球赛直播节目中，某评论员加入了生动幽默的解说，则无论直播节目是否构成作品，该评论员的现场解说都构成口述作品，如果未经许可盗播，就侵害了该评论员的口述作品的著作权。

值得注意的是，口述作品的特点就在于其作品产生之初往往是现场即兴发挥，一旦被载体（如速录记录、录音等）记录下来，会形成书面文件或录音，但无论是文字形态还是录音形态，本质上承载的仍然是口述作品本身。当然，如果某个速录员对作者的口述作品在记录之余还加入了自己的个性化的编辑、修改，甚至加入了插图和生动说明，又会在此基础之上形成新的演绎作品。但是速录员要发表这样的作品仍然要取得原口述作品作者的许可。

三、音乐作品

音乐作品，是指包含一定节奏和和声的旋律作品，相应的旋律满足独创性的要求。表面上看起来，组成音乐的各种元素有无限排列组合的可能，似乎音乐创作的天地无限广阔，然而事实上，音乐作品特别是优秀作品的创作自由度却并非如此令人满意。这是因为，人的乐感和对特定旋律、节奏的偏好是固定的。考察一下那些脍炙人口的经典流行乐曲，不难发现听众喜好的都是包含特定和声的音乐。这就导致了两种现象：第一，音乐创作上有意识地趋同。第二，音乐上无意识地趋同，这种情形是指创作者因为潜意识的记忆而将他人有独创性的旋律、节奏当成自己的灵感而加入作品中。正因如此，音乐作品的独创性和侵权判定相当困难。❶ 笔者认为，考虑到音乐作品的特殊性，在判断其独创性时不能过于简单，要有基本的旋律表达；在侵权比对时，要考虑其与已有音乐作品的相似性程度（特别是已有音乐作品中的高潮部分和灵魂部分），如果对公众熟稔的段落进行了抄袭，即使只有几个小节，也可能涉嫌侵权。

在商业流行歌曲中，作曲者和编曲者往往并不是同一个人，因为很多歌曲创作者只有对旋律的灵感和体悟，却并没有相关

---

❶ 崔立红. 音乐作品抄袭的版权侵权认定标准及其抗辩 [J]. 山东大学学报：哲社版，2012（1）.

的编曲技术。而编曲者则拥有相关的知识和技术,对于怎样体现旋律有着更多的技巧。在现代工业社会中,仅包含词曲的初级音乐作品是无法被消费的,在很多情况下,需要编曲来给音乐作品包装定位。从专业方面来说,编曲不但要从乐器、音色搭配的角度对乐曲进行编配,而且要用电脑及软硬件实现音响效果的制作,是一项兼具艺术性和技术性的工作。但是,在以往的司法实践中,编曲者的智力成果在著作权法上的地位并未得到承认。笔者认为,如果说作曲的劳动是画出了一幅完整的山水素描,编曲的劳动就是对画面各部分进行润色修饰,其实是一种演绎型或者邻接型的智力成果。但是,从目前的立法状况看,编曲成果仍然难以受到著作权法保护,但编曲者可以尝试从反不正当竞争法的角度来尝试维权。

四、戏剧作品

关于戏剧作品,在艺术界和法律界存在认识上的分歧。部分法律界人士认为戏剧作品指的是"剧本",而艺术界人士则认为戏剧是指以舞台表演形式而存在的综合艺术,即"一整台戏"。❶

实践中,法院多认为戏剧作品就是以剧本形式表现的作品,而戏剧表演本身并非著作权法意义上的戏剧作品,例如

---

❶ 王迁. 知识产权法教程 [M]. 2 版. 北京: 中国人民大学出版社, 2009: 77.

"田鸣鸣诉浙江音像出版社案"❶ "陈民洪诉彭万廷案"❷ 等。例如，在"陈民洪诉彭万廷案"中，法院指出，无论是戏剧作品还是舞蹈作品，都不是指舞台上的表演，戏剧作品指的是戏剧剧本。

笔者对此有不同看法：第一，戏剧作品一般是以剧本为基础通过演员的表演给观众所呈现的"作品"；第二，戏剧作品并不等于"剧本"本身，因为剧本本身实为文字作品，而戏剧作品需要通过演员表演才能将文字转换为不同于文字作品的戏剧作品；第三，戏剧作品的载体不是剧本，而是演员本身的表演行为，例如有的著名艺术家可以即兴创作表演一段新剧而不需要剧本。

五、曲艺作品

曲艺作品一般也被称为说唱艺术，是以带有表演动作的说唱来实现的艺术表达，一般也需要有文字作品基础然后通过演员表演形成，因此其保护模式类似戏剧作品。值得注意的是在曲艺行业的相声中，有一种行为叫"抄袭包袱"，就是根据他人创作的"包袱"重新进行创作。这在曲艺界内被称为"捋叶子"，被看成是一种侵权使用。对此，笔者认为，是否构成著作权侵权，首先，要看原来的"包袱"本身是否构成独立的作品；

---

❶ 参见浙江省杭州市人民法院（2004）杭民三初字第 58 号判决。
❷ 参见湖北省高级人民法院（1999）鄂民终字第 44 号判决。

其次，还要看抄袭的是"包袱"的创意思想还是表达本身，如果仅仅是抄袭了创意或思想，并不构成对"包袱"著作权的侵害。

六、舞蹈作品

关于舞蹈作品，要区分舞蹈动作是一般性的公知领域的动作（例如一般的广场舞的滑步、垫步等），还是具有独创性的动作体系。以下以武术为例说明舞蹈作品的特点。

1. 传统武术套路：没有版权

流传于世的很多武术门派的武术套路，很多都是古人所创。例如"太祖三十二路长拳"，据闻为宋太祖赵匡胤所创，这位在"烛影斧声"之夜死去的皇帝同时还是个武林高手。但是由于此类武术早已进入公有领域，而在此基础上进行的各种微小改动也不会形成新的智力成果，因而不受著作权法保护。

2. 实用武术套路：不构成作品

武术套路的主要目的是强身健体和防身格斗，因此，对于一般的实用性的武术套路而言，动作设计的要点是功能性的而非艺术性的。诸如"女子防身术""武警擒拿术"等目的明确的武术套路中，动作设计简单有效，并不考虑外部视觉效果的美观大方，这就导致此类实用武术套路难以纳入作品范畴。原因在于，实用武术套路没有艺术美感，不能表达某种思想。作品是某种思想的表达，而简单直接的武术动作只是某种功能性

（如攻击、防御、健身）的实现，因此并不具有作品的内涵。诸如强身健体、防御攻击，只是具有实用价值的公共信息，是不受著作权法保护的思想。而只有武术动作中富有美感的形体动作才是著作权法所要关注的部分。对于实用武术套路而言，由于其动作设计主要追求的是立竿见影的健身、防身效果，因而实用性有余而艺术性不足，除非达到特别个性化的艺术美感，否则难以构成舞蹈作品。

3. 具有观赏性的武术套路：可以构成舞蹈作品

所谓舞蹈作品，是指通过连续性的动作、姿势、表情等表现思想感情的作品。作为一种作品类型，舞蹈作品不但要求动作设计具有艺术美感，能够表达某种思想感情，而且要求具有独创性，这就将一些惯常的艺术动作排除在外。而在武术套路中，有一类武术套路，兼具了艺术观赏性和动作实用性，因而成为一类特殊的智力成果。此类武术套路，在强身健体的同时，又照顾到武术表演的观赏性和艺术性，在坚持传统的同时又有创新，因此，此类武术套路如果具备一些独创性的动作、并且表现出某种视觉美感，可以认定为舞蹈作品，受到著作权法保护。

七、杂技艺术作品

杂技艺术作品作为具有我国特色的作品类型，被特别规定于我国著作权法之中，然而，司法实践中，极少听闻杂技作品维权案件，也很少看到杂技师因为他人表演了自己独创的杂技作品而将对方诉诸法律。这是为什么呢？答案只能从杂技本身的特点去探寻。

典型的杂技分成两个部分：修饰性的艺术动作和核心的技术动作。修饰性的艺术动作，是为了实现良好的舞台效果，使得各个核心的技术动作能够在视觉上平滑过渡。核心的技术动作，才是杂技作品中真正吸引人们眼球的关键和灵魂，而观众的掌声，也往往响起于每个高难度的技术动作之后。然而，颇为有趣的是，从作品艺术性的构成来看，杂技艺术的舞台美感部分，主要表现为过渡性的艺术动作，而这些并不是杂技的核心组成部分；而作为核心组成部分的技术动作，事实上又难以认为表达了什么样的作品思想。例如杂技运动员在表演了若干舞蹈之后，在众目睽睽之下将一根钢针投向3米外的玻璃，并刺穿玻璃后留下一个针孔。在这个杂技作品中，前面的舞蹈的确具有艺术美感，而后面的技术动作，却仅仅是一种力量和速度的肌体展示。这就构成了一个悖论：杂技作品中，可以构成作品的，只是无关宏旨的舞台修饰动作，而杂技真正的技术关键，却是与著作权无关的纯技术性动作。

那么，问题就来了，模仿杂技核心动作构成对杂技作品的版权侵害吗？笔者认为，难以认定。

第一，杂技能够吸引眼球的部分在于高难度的技术动作，而这种艺术动作往往并不符合版权法中关于作品的要求，能够表达艺术思想的修饰性舞台动作又不是杂技的主要内容。模仿杂技节目的人往往不会全程模仿，只会复制其中的关键技术动作，这就导致难以被认定为版权侵权。例如，无论过程性的舞蹈有多么优美，吸引观众兴奋点的始终是"人头入虎口"中的"入虎口"部分，而这一动作能够体现出什么艺术思想呢？

第二，将杂技艺术作品的关键动作纳入版权保护会窒息杂技创作的热情。有人提出，既然杂技作品的核心和灵魂是关键的技术动作，那为何不能将关键动作认定为一种特殊的作品表达呢？例如，可以将"飞针穿玻璃"理解为一种速度之美的表达，将"人头入虎口"理解为一种勇气之美的表达。然而，如果这样理解，会带来一种灾难性的后果。版权法的基础，在于回馈作者和激励创作。如果对版权法的某种适用，会导致对某个领域创作热情的打击和窒息，必然是极不合理的。试想一下，如果将"人头入虎口""飞针穿玻璃"的动作都作为作品保护，那么，不但一种魔术全国只有一人或者一个马戏团可以合法表演，而且很可能会导致杂技艺术的失传并窒息新节目的继续开发。

第三，杂技节目中具有艺术美感表达的部分不是杂技作品的主要部分。有人会提出这样的疑问，虽然技术动作不受保护，但是我走钢丝的动作比别人漂亮，同样是一种艺术表达啊！事实上，如前文所述，即使这种动作比别人漂亮，也不是走钢丝的核心，走钢丝的关键在于高空、钢丝、平衡技术，这些才是引发观众呐喊的核心元素。即使某人走钢丝的动作极其优美，在满足独创性的前提下可能构成舞蹈作品，但不会有人因为想观看优美的舞蹈而来到马戏城，人们要看的始终是高难度动作。因此，杂技节目中仅仅具有艺术美感表达的部分并不是杂技作品的主要或核心部分。

八、美术作品

《著作权法实施条例》第四条规定："美术作品，是指绘画、书法、雕塑等以线条、色彩或者其他方式构成的有审美意义的平面或者立体的造型艺术作品"。这一条规定了美术作品的定义。值得注意的是，在该条中，出现了"审美意义"字样，而在其他绝大多数作品类型中，并无类似要求（除了"建筑作品"）。那么，"审美意义"是否是美术作品的法定构成要件呢？

如果答案是肯定的，那就意味着，在关于美术作品的诉讼中，无论是原告的起诉、被告的抗辩，还是法院的说理，都要将涉案作品是否具有"审美意义"作为一个重要的论证方面。然而在实践中却并非如此。例如在相关案件中，有学者发现，各地法院对此做法不一：有的法院认为"审美意义"是独立于"独创性"的另一个判断美术作品可版权性的法律要件，需要分别论述；有的法院则只是将"审美意义"一笔带过而没有展开论证，或根本没有考虑"审美意义"问题；而大多数法院的做法是，虽然在前段的法条解读部分承认"审美意义"是独立于"独创性"的一个构成要件，但却在后段结合案件事实的分析和

论证部分将这两个要件混在一起进行论述。❶

那么，"审美意义"究竟是不是美术作品必不可少的法定构成要件呢？笔者认为，"审美意义"只是立法上的"提示性规定"，无需单独论证，以下展开分析。

1. 所有的作品构成在理论上都有"美感"要求，即"美感"已经内含于"独创性"的构成要件之中，"审美意义"从立法技术上来说只是一项"提示性规定"，但仍然有其存在的功能和价值

作品从宏观层面上是一种满足人类精神需求（具有某种审美意义的"美感"）的智力成果。但是，值得注意的是，如同作品的"独创性"并不苛求高度一样，这里的"美感"也没有过高要求，仅仅起到区分作品和实用性的非作品而已。那么，为什么"美术作品"要将"审美意义"规定在法条定义之中呢？笔者认为，主要缘于如下三个原因：第一，区分作品类型的需要。即使单纯从字面本身来看，"美术作品"也是作品诸类型中最突出"美"的。"美术"顾名思义就是"绘美之术"（汉语词典解释为"绘画、雕塑等造型艺术，特指其中的绘画"），"审美意义"较为直接。第二，区分实用美术作品和非实用美术作品的需要。实用美术作品，是指具有实用性、艺术性并符合作品构成要件的智力创作成果。而实用美术作品构成美术作品

---

❶ 熊文聪. "审美意义"作为版权性要件的正当性批判［J］. 中国知识产权，2016（2）.

的关键, 就在于其能够通过 "线条、色彩和其他方式造型给人以美感", ❶ 因此, 是否具有 "美感" 或者 "审美意义" 是区分一个实用工业品是否可以纳入美术作品的重要标准。与之类似, "建筑作品" 定义中之所以出现 "审美意义", 同样是要与只具有居住功能而不具有审美意义的一般建筑物相区分。第三, 这是一项 "提示性规定", 即在法律已作出基本规定的前提下, 提示司法者注意而以免忽略。这种规定的设置, 并不改变基本规定的内容, 只是对相关规定内容的重申; 即使不设置该规定, 也不影响法律的适用 (按基本规定处理)。前文已经说明, 对于作品而言, 无论何种类型, 其实都需要最低程度的 "美感" 或者 "审美意义"。因此, "美术作品" 中, 对 "审美意义" 的规定, 更多的是一种提示或者功能上的作用 (例如区分实用美术作品和非实用美术作品的一般工业品)。

2. "审美意义" 很难证明, 因此对于美术作品的构成要件, 只需要证明 "独创性", 而无需将 "审美意义" 作为一个构成要件单独加以论证 (除非是 "实用美术作品")

"审美意义" 是一个抽象概念, 事实上无人可以掌握, 因为这是因时而异, 因人而异的。(1) "审美意义" 因时而异。例如在唐朝, 士大夫和仕女们均 "以肥为美", 但时至今日, 无论男女白领, 减肥都成为生活中的头等大事。又如, 凡·高在生

---

❶ 赵海燕, 田玉忠. 著作权法热点难点问题研究——兼论著作权法的修订 [M]. 北京: 法律出版社, 2014: 44.

前总共创作了约 800 幅油画和约 700 幅素描，但只卖出过一幅油画，价格仅合 80 美元，而在他去世多年之后的 1990 年，他的油画《加歇医生》却以高达 8 250 万美元的单价卖出，在当时创造了世界纪录。❶（2）"审美意义"因人而异。据报道，2015 年，美国纽约苏富比（Sotheby）拍卖会又刷新纪录：已故美国抽象艺术大师汤伯利的作品《黑板》创下 7 053 万美元（约合 4.5 亿元）的天价，同时也打破了作者个人拍卖的最高纪录。然而，这幅价值连城的作品在形式上却令人无比震惊：在黑板上 6 行的连续圈圈，就像小朋友的涂鸦一样，有网友因此惊呼天价涂鸦"简直是抢钱"。显然，这个"连幼儿园小朋友都可以画出来"的作品能卖出天价，是与作者本人的知名度和社会声誉分不开的。

正是因为"审美意义"难以证明，美国法官霍姆斯这样说道："由那些只受过法律训练的人来判断美术作品的价值是危险的。一方面，有些极具天才的绘画一开始不为人们所欣赏。另一方面，有些在法官看来缺乏美术价值和教育意义的作品却能够为一些民众所接受。不能因为这些民众的口味低就认为这幅画不受版权保护。"❷ 因此，虽然"美术作品"规定了"审美意义"，但笔者认为，对于一般的美术作品（实用美术作品例外）只需要证明"独创性"，而无需将"审美意义"作为一个构成

---

❶ 邹国雄，丁丽瑛. 追续权制度研究 [J]. 厦门大学法律评论，2003（12）.

❷ 王迁. 知识产权法教程 [M]. 2 版. 北京：中国人民大学出版社，2009：82.

要件单独加以论证。

在实践中，计算机字体是否能构成美术作品，曾经成为一个行业瞩目的重大问题。所谓计算机字体，是指用于输入的计算机文字的不同风格样式。字型是指用同一方法、风格设计出的造型的集合，同一字型的所有字符数据又称为字库。而字库中的每个文字就是计算字单字。随着计算机中文操作系统的出现，中文计算机字体的开发和保护就一直成为字库开发者关心和头疼的问题。由于实践中计算机单个字体侵权较字库整体侵权更为常见，因此笔者以2005～2015年为考察区间，选择了在这十年间涉及计算机单字著作权侵权的七起知名案件进行分析（个别案件主要涉及字库版权，但是由于法院对单字版权也有论述，所以一并列入）。

2005～2015 年的典型字体著作权纠纷案统计表

一审立案年度	原告	被告	一审意见	二审意见	备注
2007年	北京北大方正电子有限公司	暴雪娱乐股份有限公司等	北京市高级人民法院认为，字库中每个字型的制作体现出作者的独创性	最高人民法院认为，经相关计算机软件调用运行后产生的字体是否具有著作权法意义上的独创性，需要进行具体分析后尚能判定	参见（2007）高民初字第1108号；（2010）民三终字第6号

续表

一审立案年度	原告	被告	一审意见	二审意见	备注
2007 年	北京中易中标电子信息技术有限公司	微软公司等	北京市第一中级人民法院认为，字库中每个汉字均有独创性	北京市高级人民法院二审维持原判	参见（2007）一中民初字第 5362 号；（2010）高民终字第 772 号
2008 年	北京北大方正电子有限公司	广州宝洁有限公司	海淀区人民法院认为，字库中单字不能作为美术作品予以保护	北京市第一中级人民法院对字库单字是否享有版权没有发表意见。但认为宝洁公司使用倩体字库产品中"飘柔"二字的行为属于经过北大方正公司默示许可的行为	参见（2008）海民初字第 27047 号；（2011）一中民终字第 5969 号
2010 年	北京汉仪科印信息技术有限公司	昆山笑巴喜婴幼儿用品有限公司等	南京市中级人民法院认为，字体中的单字有版权	一审生效，无二审	参见（2011）宁知民初字第 60 号
2010 年	叶根友	无锡肯德基有限公司等	无锡市中级人民法院认为，字库中的单字具有版权	江苏省高级人民法院对于本案中字库中的单字是否有版权没有发表意见，但认为本案中权利人将其字库以免费版方式公开发布后，公众有权使用该字库中的单字而无须付费	参见（2010）锡知民初字第 0078 号；（2011）苏知民终字第 0018 号

一审立案年度	原告	被告	一审意见	二审意见	备注
2011 年	北京汉仪科印信息技术有限公司	青蛙王子（中国）日化有限公司等	南京市中级人民法院认为，涉案字库中具有独创性的单字构成受著作权法保护的美术作品	江苏省高级人民法院认为，涉案字库中具有独创性的单字构成受著作权法保护的美术作品。字库字体同时兼具审美性与实用工具性的双重属性，故只有体现较高独特的审美，并能够与已有字体明确区分开来的字库单字，才有可能被认定为美术作品给予著作权保护	参见（2011）宁知民初字第 59 号；（2012）苏知民终字第 161 号
2013 年	北京北大方正电子有限公司	上海百味林实业有限公司	南京市中级人民法院认为，每个单字都凝聚着设计者的智慧和创造性劳动，具有独特的艺术效果和审美意义，达到著作权法意义上的美术作品独创性的要求	一审生效，无二审	参见（2013）宁知民初字第 273 号

从上述表格中，可以得出如下结论：

第一，尽管计算机字库中的单字是否构成独立的作品在理论上存在激烈的争议，至今仍未达成一致，但是在司法实践中已经趋于意见统一，即不排斥单字的版权属性。从统计表中我们可以看到，对于七个案件中涉及的单字版权，明确持反对意见的法院只有一例，其他法院要么明确认可，要么没有表明态度。认可单字版权属性的判决，一般同时还对涉案单字进行了作品构成方面的具体分析，例如，在百味林一案中，南京市中级人民法院指出，涉案争议的百味林所使用的方正喵呜体中"苏、式、话、梅、盐、津、橄、榄、半、李"十个字具有鲜明的艺术风格，每个单字都凝聚着设计者的智慧和创造性劳动，具有独特的艺术效果和审美意义，达到著作权法意义上的美术作品独创性的要求。

第二，尽管多数案件中法院原则上认可了计算机单字具有版权，但是也开始在实践中探索、总结单字构成版权的标准。在笑巴喜一案中，南京市中级人民法院尝试提出了单字独创性判断的三个方面：一是从汉字的特点进行考量；二是与公知领域字体的比较；三是与同一权利人其他相近字体的比较。而在青蛙王子案中，江苏两级法院则在审判的基础上对单字独创性的认定形成了成熟的标准，认为根据汉字独有的文化传统及字库行业的发展需求，可以适用我国现有著作权法体系给予字库单字以著作权保护，但应当采取折衷主义的保护标准，即因字库字体兼具审美性与实用工具性的双重属性，故只有体现出较高的审美，并能够与已有字体明确区分的字库单字，才有可能被认定为美术作品，并给予著作权保护。

第三，在认定计算机单字版权的案件中，法院不但注意从独创性本身予以观察，还重视具体案件中的字体使用环境和使用协议。例如，在宝洁飘柔字体案中，北京市第一中级人民法院指出，调用已购买字库单字在电脑屏幕中显示的行为属于购买者合理期待的使用行为，应视为经过权利人的默示许可。在产品权利人无明确、合理且有效限制的情况下，购买者对屏幕上显示的具体单字进行后续使用的行为也属于购买者合理期待的使用行为，也应视为经过权利人的默示许可。又如，在叶根友一案中，江苏省高级人民法院指出，叶根友已以"免费软件"的方式发布其行书字库，公众有权使用该字库。字库由于其字体工具的属性，主要是作为一种表达思想的实用工具。叶根友在新浪网上提供的免费下载没有任何权利声明，这表明叶根友自愿将其字库作为公共产品供公众免费使用，其应当知道相关公众下载使用的方式和后果。相关公众从其声明免费下载的行为中有理由相信可以使用该字库输出其想要得到的字体单字，而不论其使用的目的是否具有商业性质。

九、建筑作品

建筑作品的侵权判定在版权领域中一直众说纷纭，原因在于实践中侵权行为的非典型性超出了立法者当初的预想：有的人仅仅根据建筑效果图完成建筑施工；有的人根据建筑外形生产其他工业产品；有的人将本身不能构成建筑作品的建筑设计图改编成高级设计图并施工……种种疑难情形，非止一端。那么，在这些情形中，应当如何处理建筑作品和图形作品（建筑设计图、建筑效果图等）的关系呢？

在我国现行的著作权法体系中，建筑作品（以建筑物或者构筑物形式表现的有审美意义的作品）和用来完成建筑施工的图形作品（为施工绘制的工程设计图）分别属于不同的作品类型。

这种体系所带来的直接结果，就是针对同一幢建筑，用建筑作品和图形作品保护会获得完全不同的保护效果。

1. 普通建筑：设计图纸不得复制

对于一幢本身不构成作品的建筑而言，无论是直接参考该建筑外观将其仿制成另一幢建筑，还是参考该建筑外观将其仿制成另一种工业产品，都不构成对建筑设计者版权的侵犯，因为此类建筑外形没有足以构成作品的审美意义，因此不属于版权保护的对象。但是，尽管建筑本身不构成作品，与其对应的建筑设计图一般却构成作品。这是因为建筑设计图除了能反映建筑外形轮廓外，还有视图、尺寸等工程参数反映出来的"科学之美"，体现了严谨、精确、简洁、和谐和对称，因而作为另外一种审美价值也逐渐被中西方共同接受。因此，将他人的建筑设计图在图纸层面上进行复制，无论设计图对应的建筑能否构成作品，一般都可能会侵犯他人建筑设计图作为图形作品的著作权。必须指出的是,"建筑设计图"作为作品受到保护的是其本身的图形语言,而不是其转变成建筑之后的美感或者功能。例如,两位工程师同时绘制了两张建筑设计图,一张对应的建筑巧夺天工,另一张对应的建筑效果平平,则两张设计图都可能构成受到版权法保护的图形作品。对于普通建筑的设计图,由于普通建筑并不构成建筑作品,因此,按照设计图进行施工所得到的建筑,并不构成对设计图在图形作品层面上的侵害,这是因为,对于此种情形而言,利用的是设计图纸所包含的技术方案而不是其所承载的某种美感表达,因此并不适用"从平面到立体"的复制规则。这是因为,根据公认的版权法理论,工艺、操作方法、技术方法和任何具有实用的功能都属于"思想"的范畴,而"思想"是不受版权法保护的。例如,某人写了一本如何制作书柜的书(书中未附具体照片),有人根据书中的尺寸描述和详细工艺制造了一个书柜,书的作者是不能要求其承担侵权责任的,因为这里制作书柜的人利用的是书的"思想"而没有"复制"书的表达。同样的道理,一般的建筑设计图本身的图形语言所组成的图形系统并非最终的建筑实物,而利用建筑设计图的人感兴趣的也并非"复制"这些纸面上的标记、线条和尺寸,而是根据其几何关系和尺寸参数的"思想"指导制造出新的建筑,虽然这种行为也涉嫌侵犯他人其他形式的智力成果,但并不构成版权意义上的侵权。

2. 建筑作品：建筑外形不得仿造，设计图纸不得复制

对于一幢本身构成作品的建筑而言，则可以获得非常全面的保护，设计者可以从图形作品和建筑作品两个角度进行维权。

第一，作品可以凭借建筑平面设计图所反映的建筑外观造型或者艺术之美阻止他人建筑相同或者类似的场馆。这是因为，建筑物外观的平面设计图（如正视图、侧视图和立面图）与建筑反映的是相同的建筑造型。从世界各国的立法例和目的解释的角度看，保护建筑作品最重要的方面是阻止他人利用权利人的平面设计图来建造建筑物（单纯复制图纸而不营造建筑事实上用处不大），如果这种情形下的"平面到立体"的营造不是"复制"，将会使得此类作品的保护变得毫无意义。司法实践中，一般也认为从平面到立体的复制（前提是复制后得到的产品本身构成作品）构成著作权法意义上的复制，如"科技之光"雕塑案、卡通储钱罐案和QQ形象加湿器案等。

第二，作品可以凭借不构成建筑设计图的其他图纸（如效果图、鸟瞰图）所反映的艺术之美阻止他人建筑相同或者类似的场馆。例如，在九加公司诉世泰公司等著作权侵权案中，被告未经许可参照了原告的展台设计方案搭建了展台并进行展览，在整体外观、内部布局等方面与原告的设计方案极为相似。上海浦东区人民法院经审理认为，涉案设计图构成美术作品，被告侵害了原告的作品复制权。该案中，法院认为，与一般的用来指导施工的建筑设计图不同，涉案展台设计方案中的鸟瞰图、

透视图等 8 幅图纸不属于工程设计图作品。但相关图纸以绘画的方式描述了展台的内外部造型，具有表达上的独创性和一定的艺术美感，构成美术作品，被告未经许可对九加公司享有著作权的美术作品进行平面到立体的复制，由于再现了一种造型的艺术之美，属于侵犯作品复制权的行为。

第三，作品可以凭借建筑本身所反映的外观造型艺术之美阻止他人制造外观类似的其他产品。例如，在国家体育场公司诉熊猫烟花公司等一案中，原告是"鸟巢"建筑作品权利人，而被告等制造、销售了外形和鸟巢极为近似的"盛放鸟巢"烟花产品。法院认为，对建筑作品著作权的保护，主要是对建筑作品所体现出的独立于其实用功能之外的艺术美感的保护，只要未经权利人许可，对建筑作品所体现出的艺术美感加以不当使用，即构成对建筑作品著作权的侵犯，而不论此种使用是使用在著作权法意义上的作品中，还是工业产品中，即不受所使用载体的限制。从这一案例可以看出，现在流行的将知名度较高的建筑作品（如央视大楼）的外观造型移用到生活物品（如家具）的外观设计上，同样可能侵犯相关权利人的著作权。

十、摄影作品

关于摄影作品，在 2014 年发生过一起"追气球的熊孩子"事件。2014 年年底，一篇《少年不可欺》的文章在网络和微信上以惊人速度传播。作者 NIKO 发文指责某视频网站制作、发布广告片时，抄袭了他和几个朋友利用热气球、照相机、GPS 等装置为地球拍照的创意及成果。该文发出后，某视频网站在其官方微博上积极回应称，如情况查实将严肃处理。那么，从版权法的角度，几个"熊孩子"使用热气球等工具拍摄地球的创意及成果能否受到法律保护呢？

1. 视角一："热气球拍地球"的创意本身不受法律保护

该视频网在公开回应 NIKO 控诉后，在其网站首页曾放置了一个"国外少年玩转气球航拍集锦"的视频，显然，不乏暗示相关创意早有欧美人士尝试在先的用意。事实上，即使该创意系由 NIKO 几个"熊孩子"首创，也很难得到版权法保护。

创意是指具有创造性的想法和构思，俗称点子、主意、策划等，属于"思想与表达二分法"中不受版权法保护的"思想"范畴。即使创意通过某种载体得到记载并形成了作品，剽窃创意的他人也往往仅仅是对创意内容的执行和实施，而在创意作品的表达形式上进行了较大程度的变化，使得版权主张难以成立。例如，在"西湖十景"形象造型版权纠纷案中，原告在旅游的过程中萌生了演绎杭州"西湖十景"的创意，具体来说，就是以女子发型和服饰等综合方式演绎"西湖十景"，并推出了创作秀。其后，原告发现被告在其公开的造型秀中剽窃了自己的创意，遂诉至法院。法院也认同被告借鉴了原告的创意，但是由于被告在表现形式上与原告存在视觉上的明显区别，因而没有支持原告的诉讼请求。显然，比起"以女子发型演绎风景"的创意，发型和头饰的变换要容易得多。同样，如果他人仅仅是使用了"热气球拍地球"这一创意而独立拍摄出自己的作品，几个"熊孩子"是无法在版权法上主张自己权利的。

2. 视角二："热气球拍地球"的摄影成果构成摄影作品有较大难度

网上曾有评论者认为，即使创意不受保护，但"熊孩子们"拍摄的照片仍有版权，如果该视频网真如 NIKO 一文中指出的那样与作者有过接触并使用了其用"热气球拍地球"的方法拍摄的照片，就仍然构成侵权。对于这一观点的回应，就涉及摄影作品的独创性问题。

现行《著作权法实施条例》第四条规定，摄影作品，是指借助器械在感光材料或者其他介质上记录客观物体形象的艺术作品。那么，摄影作品的独创性如何体现呢？具体而言，一个摄影作品的独创性可以体现为四个方面：第一，摄影器材的选取；第二，摄影技巧的展示；第三，拍摄时机的选取；第四，摄影者的个性安排。从以上可以看出，摄影作品的独创性，要求作者有最低程度地体现主观意志的"人力控制因素"的参与。正因为这一原理，产生了两条推论：第一，纯机械性的拍摄不产生作品。例如，交警部门在高速路口架设的监视器，由于镜头的焦距、角度、位置被事先固定，即使监视器偶然拍摄到了一幅非常有价值的照片，也不能构成作品。这是因为，监视器拍摄的画面系机器自动完成，难以体现作者个性化的创造，因此这种照片类似于强调忠于客观真实的"纯粹复制影像"的操作，缺乏个性化的变化，与静电复印并无二致。第二，只要有体现作者主观意志和控制的选择，即使含量极少，也可以构成作品，例如抓拍照片。就抓拍照片而言，由于很多重大的历史事件或自然现象的发生往往是昙花一现，拍摄者往往无法预料并进行相应的创作准备，如果还进行光圈、角度、光线的参数选择，就会与稍纵即逝的拍摄机会失之交臂。在这种情形之下，拍摄时机是偶然和不可捉摸的，然而拍摄者对拍摄时机的捕捉恰恰体现出一种特殊的本领。这种对拍摄时机的捕捉时间极短，却闪烁着人类灵感的火花和创意的光芒，体现了人的性格、情绪和审美习惯等个性化因素。因此，对于抓拍的照片，只要具有一定的艺术性，同样无法否认其作品的地位。不难看出，对于"熊孩子们"而言，使用"热气球拍地球"法拍摄的照片，其照片完成于摄影器材升空后，其拍摄过程基本由预先设置好的器材自动完成，因此，类似于监视器的例子，很难就其摄影成果主张版权。

3. 视角三："熊孩子们"如何对自己的创意成果主张权利

英国法谚有云，任何人不应从自己的不法行为中获益。显然，"熊孩子们"的合法民事权益在事实上仍然可能受到了损害，那么，他们应当如何主张自己的权利呢？我国《合同法》第四十二条规定："当事人在订立合同过程中有下列情形之一，给对方造成损失的，应当承担损害赔偿责任：（一）假借订立合同，恶意进行磋商；（二）故意隐瞒与订立合同有关的重要事实或者提供虚假情况；（三）有其他违背诚实信用原则的行为。"本案中，如果 NIKO 一文所述过程属实，则作者可以通过电子邮件记录等相关证据进行维权，主张对方构成缔约过失并要求赔偿损失。

对于此种作品类型而言，值得补充的是，摄影作品分为"呈现型""抓拍型"和"主题创作型"。对于"呈现型""抓拍型"而言，由于其表现对象是客观存在的事物，因此摄影者不能阻止他人对相同事物、场景的再次拍摄；对于"主题创作型"的摄影而言，由于摄影者对于被拍对象的造型、场景有一定程度的创造，因此可以构成权益，但这种权益受到版权保护要受到合理限制：第一，要有一定的创造高度；第二，不能排除他人更换摄影对象后拍摄同样的造型或场景。

十一、电影作品和以类似摄制电影的方法创作的作品

关于电影作品，比较好理解。而按照电影拍摄的方法创作的作品，即为"类电影作品"，就是摄制在一定介质上，由一系列有伴音或者无伴音的画面组成，并且借助适当装置放映或者以其他方式传播的作品。近年来，实践中关于类电影作品的一个重大争议就是对体育比赛的直播节目能否构成"类电影作品"。

例如，在轰动一时的新浪网诉凤凰网一案中，法院认定，尽管自然呈现的体育比赛的画面不构成作品，但是，如果对比赛画面在转播前进行了个性化的剪辑、选择、汇编，并且加入

了其他独创元素从而录制成片，则根据独创性的高低可能构成类似摄制电影的方法创作的作品或者录像制品。法院指出，转播的比赛画面不仅仅包括对赛事的机械录制，还包括"回看的播放、比赛及球员的特写、场内与场外、球员与观众，全场与局部的画面，以及配有的全场点评和解说"。显然，这种个性化处理后的录制画面，已经与体育比赛呈现的自然画面不可同日而语，已经成为有人力因素加入的智力成果，可以根据独创性程度的高低而构成类似摄制电影的方法创作的作品或者录像制品（该案中，一审法院将录播画面认定为作品，显然是认可了录播画面的合成以及解说等元素的加入体现了较高的创作程度）。

十二、图形作品

这一类的典型作品是地图作品，地图是一类创作空间较为狭窄的作品类型，原因在于，第一，由于地图一般用来描述客观存在的事实（交通线路、山川河流等），这使得同一主题的地图很难在相互之间产生个性化差异，而客观事实本身是不受著作权法保护的。第二，由于尊重客观事实导致绘制地图的方式变得相对有限，例如，铁路、河流的走向，著名景点的客观位置等，这些基础的地理信息是没有任何创作空间的，不可能因为人为的个性化创作就可以改变铁路、河流的走向，或者将处在郊区的景点标示到市中心。

但是，创作空间狭窄的智力成果并非绝对不可以构成作品。

就地图而言，尽管其主要部分属于客观事实不受著作权法保护，但是在表达的细节元素上仍然可以有不同设计，如果表现出较高的独创性或者个性化的安排、选择，则仍然可能构成作品。例如，在绘制地图时，如果绘图者能够兼顾客观和美观，精心设计地图不同区域的色彩，并选择特定的比例尺、经纬网，形成一个具有审美意义的整体，则仍然有可能受到著作权的保护。再如，地图可以采取个性化图例（例如用动物代表动物园，用图书代表图书馆等）、标记和编排方式，对于地图的整体和每个具体图例代表的地理信息，进行不同形式的标记，也有可能构成作品。

十三、模型作品

关于模型作品，前文已经提到，无论某种物体的外观造型设计如何独特，如果不是为了满足审美的需求，而是实用使然，就不满足作品的定义。但是，值得指出的是，如果将此种物体按照较小比例生产出模型，则有可能构成模型作品。这是因为，尽管物体的外形可能与实用功能无法分离，但当缩小尺寸生产后，其实用功能已经消失，外部线条如果具有审美价值，仍然可以构成模型作品而受到著作权法保护。

第四条 【公序良俗】

著作权人行使著作权，不得违反宪法和法律，不得损害公共利益。国家对作品的出版、传播依法进行监督管理。

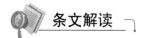 **条文解读**

这一条可以视为版权法上的"公序良俗"原则。

第五条 【非作品】

本法不适用于：

（一）法律、法规，国家机关的决议、决定、命令和其他具有立法、行政、司法性质的文件，及其官方正式译文；

（二）时事新闻；

（三）历法、通用数表、通用表格和公式。

条文解读

本条在版权侵权诉讼中极为重要，因为这是被告方抗辩原告诉讼请求的重要理由之一。其中第（一）项、第（二）项不受保护的原因主要是为了保护民众对国家法律、政策、时政、经济、社会等信息的知情权。第（三）项不受保护的原因是因为这些内容在表达上具有"唯一性"和"有限性"。例如，用数学公式来表达牛顿的万有引力定律，表达形式基本上只能是有限的几种。除此之外，一些通用数表属于科学发现的客观事实，而客观事实不受版权保护，例如元素周期表。以下重点论述一下实践中经常发生纠纷的"时事新闻"。

2016 年，乐视花大价钱买下了《时尚先生 Esquire》的一篇特稿，一部非虚构作品——《太平洋大逃杀亲历者自述》的影视改编权。有业内人士这样评价："这似乎让新闻从业者们看到了一条可能的致富之道，因为影视改编权的金额相比可怜的稿费是天壤之别。"❶

上述新闻其实给人们提出了这样一个问题：当人们看到某个新闻报道的时候，产生了创作灵感，比如想根据新闻报道的事实改编成小说或剧本，那么，按照版权法的规定，需

---

❶ 张焱. 新闻作品的改编权，到底可以卖多少钱？［EB/OL］."银幕穿越者"微信公众号.

要新闻报道的作者同意并授权吗？需要向其支付费用吗？要回答上述问题，首先要分清时事新闻和时事新闻作品的本质区别。

1. 时事新闻 VS. 时事新闻作品

通说认为，时事新闻是指通过报纸、期刊、广播电台、电视台、信息网络等媒体报道的单纯事实消息。一般理解为仅由五个 W 新闻要素（when，who，where，what，why）组成的简单事实报道。❶ 然而在现实生活中，人们从各种媒体接触到的时事新闻却不仅仅只是单纯的事实消息。例如，关于数年前一起"无良商贩用工业松香拔鸭毛"的社会新闻，出现了下面两种形式：

（1）湖南省长沙市杨家山禽畜批发市场，摊贩用工业松香给鸭子拔毛，一分钟搞定（中国新闻网）。

（2）工业松香拔鸭毛似乎已成为行业公开的秘密。记者暗拍湖南长沙一家禽畜市场，给鸭子拔毛的过程触目惊心。

在湖南长沙一家禽畜市场，记者看到这里的鸭子只要一分钟就可以变得皮毛干净，而一般手工拔毛通常需要二三十分钟的时间。这些看上去白净的鸭子到底使用了什么快速拔毛的方法呢？

记者在与摊贩的交谈中终于发现了隐藏在其中的秘密。摊

---

❶ 阎庚. 时事新闻作品应该纳入著作权法调整范畴［J］. 电子知识产权，2006（7）.

贩将鸭子扔进熬煮有工业松香的锅里，然后再投入水缸中，清洗干净，拔毛过程就完成了。

经过工业松香拔毛的鸭子看上去白白净净，可是这种鸭子是危害人体健康的。工业松香经过高温熬制之后会产生致癌物，而经过工业松香拔毛的鸭子体内会渗透进这些致癌物，长期服用会损伤肝肾甚至致癌。按照我国《食品安全法》的规定，工业松香是不允许用于食品的。

商贩为了图经济利益而置消费者的生命健康于不顾，良心何在？（京华时报）

不难看到，虽然两则新闻报道的内容相同，却在表达形式上区别明显。第一则新闻只交代了新闻的地点、人物、事件，没有附加任何的修辞、评论，是典型的"不带作者任何理性或者感性成分"● 的单纯事实消息；第二则新闻虽然报道的是同一个事实，却用词形象、细节生动、内容翔实，而且在报道事实的同时还链接了相关的健康知识和法律规定，并加入了简短的评论，表明了作者的价值判断和舆论导向，具有鲜明的个人风格，已经具有作品的特质，属于时事新闻作品。那么，区分时事新闻和时事新闻作品有何意义呢？最大的意义，在于时事新闻不受版权法保护，因为版权法不保护"事实"；只有具有个性化表达的时事新闻作品，才是版权法所要保护的对象。那么，很多记者为了报道某个单纯的事实消息，往往会身入险境，即

● 郭卫华，常翱鹏. 论新闻侵权的抗辩事由［J］. 法学，2002（5）.

使报道再简单也凝聚了记者的勇气和汗水，为什么不能受到版权法保护呢？

2. 事实的发现缘何不受版权法保护

所谓"事实不受版权保护"原则，是指被人类发现的历史真相、客观事实、事物性质等不受著作权法的保护。❶ 原因在于，客观事实是客观存在和状态唯一的，既独立于人们的主观意志而存在，也不会因为施加人力就可以对发生过的事实产生影响，因此不存在人类创造的空间，人们只能被动地发现，而不能穿越时空去主动创造"史实"（对历史的虚构不属于符合史实的描述）。因此，对于这样的事实，由于与人类的创造无关，不具备著作权法对作品要求的独创性构成要件，是不能构成作品的。

那么，对于第一个发现事实的人而言，往往需要付出常人难以想象的汗水，这是否可以使得其对于发现的成果主张著作权获得某种正当性呢？答案是否定的。以新闻调查为例，一般表现为对正在发生或者发生不久的客观事实的调查。作者可能是第一个发现、报告客观事实或者得到统计数据的人，但不能对这些客观事实享有著作权。例如，人口统计的工作者并没有通过"创作"而得到人口统计数字，他们仅仅是通过大量的调查工作揭示了这个数字结果，因此不能主张

❶ 王迁. 古文点校著作权问题研究［J］. 华东政法大学学报，2013（3）. 卢海君. 评"死海卷宗案"［J］. 西南政法大学学报，2008（5）.

相应的版权，如果法律予以保护就会迫使后来的研究者或者调查者需要进行毫无意义的重复劳动。❶ 明白了这些道理，就不难得出下述结论。

3. 根据时事新闻改编小说或剧本无需作者授权，根据时事新闻作品改编小说和剧本则必须获得作者授权

所谓改编权，是著作权中的一项财产权，即利用原作品的某些表达加以改变，创作出具有独创性的新作品的权利。不难看出，改编权存在的前提是有原始作品存在，而单纯的时事新闻本身并不构成作品，其作者自然不能以此为基础主张"改编权"，即无权阻止他人以单纯的事实新闻为基础改编成小说、戏剧等作品，因为如前文所言，没人可以垄断客观事实。对于时事新闻作品而言，改编是否需要作者授权，则分成两种情况：如果仅仅利用了时事新闻作品中所反映的"新闻事实"（不包含作者的个性化描写、评论等），同样不需要作者同意或授权；如果复制了作者在时事新闻作品中的构成作品表达的独创性的描写、评论，就可能构成对时事新闻作品的改编，需要获得作者的授权，否则，就很可能构成著作权侵权。

---

❶ 王迁. 知识产权法教程［M］. 2 版. 北京：中国人民大学出版社，2009：66.

第六条 【民间文学艺术作品】

民间文学艺术作品的著作权保护办法由国务院另行规定。

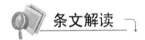 **条文解读**

为保护民间文学艺术作品的著作权，国家版权局起草了《民间文学艺术作品著作权保护条例（征求意见稿）》，并于2014年9月向社会公开征求意见。但截至2016年7月，尚未看到该条例正式出台。

从条例的内容看，其所称的民间文学艺术作品，是指"由特定的民族、族群或者社群内不特定成员集体创作和世代传承，并体现其传统观念和文化价值的文学艺术的表达。包括但不限于以下类型：（一）民间故事、传说、诗歌、歌谣、谚语等以言语或者文字形式表达的作品；（二）民间歌曲、器乐等以音乐形式表达的作品；（三）民间舞蹈、歌舞、戏曲、曲艺等以动作、姿势、表情等形式表达的作品；（四）民间绘画、图案、雕塑、造型、建筑等以平面或者立体形式表达的作品。"

民间文学艺术作品的著作权人享有以下权利："（一）表明身份；（二）禁止对民间文学艺术作品进行歪曲或者篡改；（三）以复制、发行、表演、改编或者向公众传播等方式使用民间文学艺术作品。"民间文学艺术作品的著作权的保护期不受时间限制。

第七条 【著作权管理部门】

国务院著作权行政管理部门主管全国的著作权管理工作；各省、自治区、直辖市人民政府的著作权行政管理部门主管本行政区域的著作权管理工作。

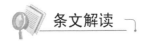 条文解读

本条明确了著作权法的执法主体。

第八条 【集体管理组织】

著作权人和与著作权有关的权利人可以授权著作权集体管理组织行使著作权或者与著作权有关的权利。著作权集体管理组织被授权后，可以以自己的名义为著作权人和与著作权有关的权利人主张权利，并可以作为当事人进行涉及著作权或者与著作权有关的权利的诉讼、仲裁活动。

著作权集体管理组织是非营利性组织，其设立方式、权利义务、著作权许可使用费的收取和分配，以及对其监督和管理等由国务院另行规定。

条文解读

根据 2005 年 3 月 1 日起施行的《著作权集体管理条例》，著作权集体管理组织，是指为权利人的利益依法设立，根据权利人授权、对权利人的著作权或者与著作权有关的权利进行集体管理的社会团体。目前，主要的著作权集体管理组织包括：中国音乐著作权协会、中国音像集体管理协会、中国文字著作权协会、中国摄影著作权协会、中国电影著作权协会。

著作权集体管理，是指著作权集体管理组织经权利人授权，集中行使权利人的有关权利并以自己的名义进行的下列活动："（一）与使用者订立著作权或者与著作权有关的权利许可使用合同；（二）向使用者收取使用费；（三）向权利人转付使用费；（四）进行涉及著作权或者与著作权有关的权利的诉讼、仲裁等。"

著作权法规定的表演权、放映权、广播权、出租权、信息网络传播权、复制权等权利人自己难以有效行使的权利，可以由著作权集体管理组织进行集体管理。

第九条 【著作权人种类】

著作权人包括：

（一）作者；

（二）其他依照本法享有著作权的公民、法人或者其他组织。

条文解读

这一条从字面上不难理解。值得注意的是，对于自然人作者，其作为著作权人不受民事行为能力限制。例如，张三是一个八岁的儿童，但是完成的画作在本省获得大奖，则张三仍然可以成为该画的作者并享有著作权。

此外值得注意的还有本条中"作者"的含义。换言之，除了自然人以外的事物，能否成为"作者"？

据英国《卫报》2016年1月7日报道，由猴子自拍照引发的版权纠纷案终于尘埃落定，美国旧金山法院最终裁定，动物不能拥有照片版权。原来，2001年，英国户外摄影师斯莱特在印尼北苏拉维西国家公园参观时偶然得到了一张猕猴的自拍照。该照片随即被全球多家媒体疯转，并引发了维基百科与斯莱特之间的版权诉讼。斯莱特声称自己拥有这张照片的版权，但维基百科方面表示没有人可以对照片主张版权，因为这张照片是猴子拍的。

那么，在我国，猴子拍照、大象作画，会获得著作权吗？答案同样是否定的。在我国，著作权不但对创作主体有严格限制，而且对创作意图和作品对象也有内在要求。关于作品，《著作权法实施条例》做了这样的定义，即"文学、艺术和科学领域内具有独创性并能以某种有形形式复制的智力成果"。对作品的这一定义，要从创作主体、创作意图和作品对象三个方面深入理解。

1. 作品必须是人类的智力成果，这就把动物的作品、机器人的作品等排除出作品范畴之外

例如，某人看到母鸡行走的脚印有所触动，于是将母鸡双脚涂满墨汁并使其在画纸上随意走动，最后形成了一篇画作并命名为"翠竹图"。对于这幅画作，由于系动物而非人类创作，即使所得的"作品"具有很高的"艺术性"，也难以纳入作品保护范围。类似的，猴子拍照案如果发生在中国，也很可能会得到同样的判决。

有生命的动物不能成为作者，同样，没有生命的机器人同样不能成为作者。2015 年 9 月 10 日，在腾讯财经《8 月 CPI 同比上涨 2% 创 12 个月新高》一文的最后，出现了这样一段话："本文来源：Dreamwriter，腾讯财经开发的自动化新闻写作机器人，根据算法在第一时间自动生成稿件，瞬时输出分析和研判，一分钟内将重要资讯和解读送达用户。"那么，这种纯粹由自动编程的机器人写作的新闻稿件，可以构成著作权法上的作品吗？基于前面的论述，答案同样是否定的，因为腾讯机器人从本质上来说并不属于人类，同样难以成为著作权法意义上合格的"作者"，因此其自动撰写的新闻稿件并不具有作品的属性。但是，如果机器人撰写的稿件经过人类的编辑、修改、润色，在具备了独创性之后，是有可能成为作品的，但是，其著作权属于人类编辑。

2. 作品必须能够体现出作者主观上的创作意志

所谓创作意志，是指作品的独创性必须有作者的创作意图和个人印记，如果创作意图缺失或不足，即使客观上完成了某种艺术成果，也不能认为构成了作品。例如，某人在绘画比赛现场正在喝果汁，突然剧烈咳嗽而将红色的果汁喷在面前的白纸上，结果形成了万朵梅花状的图画，这种图画即使获得了专业人士的高度评价也不能获得版权法的保护，因为该图画的形成没有体现出人类有意识的创造活动。又如，在晏某诉永城市文物旅游管理局等著作权一案中，原告父亲采用人工打锻、磨面的方法重刻了"汉高断蛇之处"石碑。由于该碑立在十字路口，到1984年时，经过往车辆灯光照射，在石碑上发现人像显影，人像似拔剑斩蛇，形象生动。1992年，当地有关管理部门将"汉高断蛇之处"碑及亭子围起卖票收费。原告认为该碑出现人像系其父采用人工锻刻、打磨所致，故该石碑人像著作权应由其父享有，在其去世后应由其子（原告）继承。法院经审理后认为，从原告提供的证据不能看出"汉高断蛇之处"碑出现的人物轮廓就是其父事先的构思创作，也没有证据证明该石碑完成后作者以一定方式表现上述现象与其有意识的创作有关，再加上该人物轮廓不具有可复制性的特点，因此驳回原告的诉讼请求。

3. 作品必须是能够被他人客观感知的外在表达

作品面向的对象如同作者一样，也必须是人类。这是因为，作品本质上承载的是人类的思想、情感、精神和人格等要素，带有精神或者人格印记，传递的也是人类群体能够共同理解的符号体系和语言。另外，作品是著作权法律关系中权利人的权利和义务人的义务共同指向的对象。

近年来，各类动物中心和动物园越来越多地为动物们播放音乐，但音乐对动物们究竟有没有效果？美国威斯康星大学的一项研究发现，猫咪一方面无视人类音乐，另一方面则积极响应专为它们谱写的音乐。在研究人员给 47 只猫播放的音乐样本中，一半属于经典古典音乐，另一半则是马里兰大学作曲家 David Teie 创造的猫音乐。结果显示，猫咪最积极响应的是猫音乐。但是，这种猫咪音乐并不能构成作品，这是因为，猫咪无法成为作品法律关系中的义务人，而猫咪之外的人类也无法欣赏这种猫咪音乐（更谈不上理解其中只有猫才能理解的思想情感）。因此，猫咪音乐不构成作品。

第十条 【著作权种类】

著作权包括下列人身权和财产权：

（一）发表权，即决定作品是否公之于众的权利；

（二）署名权，即表明作者身份，在作品上署名的权利；

（三）修改权，即修改或者授权他人修改作品的权利；

（四）保护作品完整权，即保护作品不受歪曲、篡改的权利；

（五）复制权，即以印刷、复印、拓印、录音、录像、翻录、翻拍等方式将作品制作一份或者多份的权利；

（六）发行权，即以出售或者赠与方式向公众提供作品的原件或者复制件的权利；

（七）出租权，即有偿许可他人临时使用电影作品和以类似摄制电影的方法创作的作品、计算机软件的权利，计算机软件不是出租的主要标的的除外；

（八）展览权，即公开陈列美术作品、摄影作品的原件或者复制件的权利；

（九）表演权，即公开表演作品，以及用各种手段公开播送作品的表演的权利；

（十）放映权，即通过放映机、幻灯机等技术设备公开再现美术、摄影、电影和以类似摄制电影的方法创作的作品等的权利；

（十一）广播权，即以无线方式公开广播或者传播作品，以有线传播或者转播的方式向公众传播广播的作品，以及通过扩音器或者其他传送符号、声音、图像的类似工具向公众传播广播的作品的权利；

（十二）信息网络传播权，即以有线或者无线方式向公众提供作品，使公众可以在其个人选定的时间和地点获得作品的权利；

（十三）摄制权，即以摄制电影或者以类似摄制电影的方法将作品固定在载体上的权利；

（十四）改编权，即改变作品，创作出具有独创性的新作品的权利；

（十五）翻译权，即将作品从一种语言文字转换成另一种语言文字的权利；

（十六）汇编权，即将作品或者作品的片段通过选择或者编排，汇集成新作品的权利；

（十七）应当由著作权人享有的其他权利。

著作权人可以许可他人行使前款第（五）项至第（十七）项规定的权利，并依照约定或者本法有关规定获得报酬。

著作权人可以全部或者部分转让本条第一款第（五）项至第（十七）项规定的权利，并依照约定或者本法有关规定获得报酬。

条文解读

本条属于著作权法中被引用概率最高的条款之一。以下按照各项权利分别解读。

一、发表权

发表权有四个特点需要注意：第一，发表权在著作权中的地位很高，如果未经许可公开他人未发表作品，则无论有何种合理使用或者法定许可的理由，也构成对发表权的侵害，因为作品发表与否与作者的隐私权密切相关；第二，发表权属于"一次用尽"的权利，换言之，一旦作者将作品发表过一次，就不能再主张此项权利；第三，著作财产权的转移应当推定作者已经行使了发表权，例如，小说作者不能将其作品授权游戏公司改编为网络游戏的同时，还保留作品的发表权；第四，发表权属于著作人格权，即使通过合同也不能转移。❶

二、署名权

署名权包括署真名、署化名、署艺名和不署名。换言之，如果一个作者在向杂志社投稿的作品中决定不署名，但是编辑却未经许可将作者真名署上，则从学理上说仍然构成了对作者署名权的侵害。此外，作者发表的作品不署名，不代表作者放弃了署名权或者放弃了整个作品的著作权，如果他人侵权，照样可以起诉维权。

和其他的著作人身权一样，署名权不得转让或者继承，不存在放弃的问题。因此，无论作者出于何种动机，在自己创作的作品上署直接指向别人的名字，都是无效民事行为，❷例如社会上出现的各种论文、小说的"代写"和"枪手"。

---

❶ 刘春田. 知识产权法［M］. 2 版. 北京：高等教育出版社，北京大学出版社，2005：62.

❷ 刘春田. 知识产权法［M］. 2 版. 北京：高等教育出版社，北京大学出版社，2005：63.

当两人以上合作创作的作品的署名顺序发生纠纷时，法院按照下列原则处理：有约定的按照约定；没有约定的按照创作作品付出的劳动、作品排列、作者姓氏笔画等确定署名顺序。

［延伸思考］

很长一段时间以来，高考命题者在试卷中存在使用他人作品而不署名的现象，由此引发的纠纷和诉讼也不在少数。

对于这种使用他人作品不署名的现象，命题机构常见的一种说法就是，根据我国著作权法的规定，国家机关为执行公务在合理范围内使用已经发表的作品，属于"合理使用"，可以不经过著作权人的许可，不支付报酬。显然，这种解释难以令人信服。众所周知，合理使用的确可以不需要著作权人同意，也不需要向其支付报酬，但是不得损害作者包括署名权在内的其他合法权益。于是，为了进一步说明为什么高考命题可以不给所使用的作品署名，出现了三种有代表性的理由。

第一，根据《著作权法实施条例》第十九条规定的"但书"情形，"由于作品使用方式的特性无法指明的"，可以不署名。

第二，高考过程中，考试时间对考生而言是非常紧张和宝贵的，考生的注意力极为有限，如对考题的来源均进行署名会增加考生对信息量的阅读，浪费考生的宝贵时间。

第三，文学鉴赏类文章署名或注明出处会给考生提供一些有用的信息，而这些信息有助于考生在综合分析的基础上做出对文章主题思想、写作背景等的正确判断，因此此种署名属于有用信息，而语用性文章署名提供的则多是无用信息，因此没必要署名。

笔者认为，上述三种观点，都值得商榷，以下逐条进行分析。

第一，《著作权法实施条例》第十九条的确规定了"由于作品使用方式的特性无法指明的"，属于可以不署名的例外情况。但是什么是"使用方式的特性"呢？在现实中，由于社会生活习惯，有些作品并不适宜署作者姓名。例如钻石雕刻工艺者，很多情况下并不把自己的姓名镌刻在作品之上。正是基于这一考虑，在司法实践中，很多法院也认可使用他人作品不署名并非一概构成对他人署名权的侵犯，而是要考虑是否符合相关行业的一般习惯。例如，在郑大志等诉博洋公司侵害著作权一案中，法院指出，按照行业习惯，床上用品美术图案一般不标注作者名字，因此被告未侵犯郑大志对涉案作品的署名权。但是，高考命题中并不缺乏给所使用的作品署名的条件，其"使用方式"有何特殊呢？既然可以给文学鉴赏类文章署名或注明出处，也就说明在高考中给作品署名并不困难，也不特殊。

第二，从媒体报道的情况来看，高考命题中使用他人作品不署名的情形集中在现代文阅读和作文材料中。相对于整张语文试卷巨大的阅读量，增加几个字就会"浪费考生的宝贵时间"或者"分散考生的注意力"让人感到难以信服。正如一个作者所说的，"一份高考语文试题中有许多填空题、判断题、选择题，却只有两道现代文阅读大题，高考试卷给这两篇阅读文章的作者署名并不会影响到考生的利益"，更不会因为"署上短短几个字的作者姓名或者作品名称就会影响到考生答题的宝贵时间，增加考生对信息量的阅读，影响到考生的注意力"。另外，有些地区对高考命题进行了相关的署名实践，例如，漫画家罗琪的漫画《取之不尽》被"2007年普通高等学校招生全国统一考试（广东卷）"中的"政治试卷"选用，不但试卷有其署名，也得到了广东省教育厅的事后电话通知和荣誉证书，而这样的实践并没有造成明显的诸如"增加考生对信息量的阅读，浪费考生的宝贵时间"这样的结果发生。

第三，认为所使用的他人作品对考生做题无用因而不署名，实质上暗含了这样一种逻辑：因为高考命题的主要目的就是选拔考生，而他人的作品不过是选拔考试的工具，只要目的正当，那么工具是否要注明权利信息也就无足轻重。显然，这种逻辑是有悖于著作权法的。在著作权法的视野中，每一部作品都是独立和平等的，每部作品和每个作者都是目的，不是手段。用目的的正当性来豁免手段的瑕疵，同样难以令人信服。如前文所言，在巨大阅读量的高考试题中增加几个字，既不会增加考生的阅读量，也不会浪费其时间，但是对作者却有巨大的意义，正如一个评论者所说的那样，"辛苦写的文章，能成为高考试题，在外人看来是件值得荣幸的事。不付报酬也就算了，文章还不署名，让作者的这种荣耀感消失殆尽"。

三、修改权

修改权包括作者自己或者授权他人对其作品的内容、文字进行改动、修饰、润色或增删。而未经作者许可进行的修改，很可能歪曲作者原意并影响作者声誉。修改权的保护是不受期限限制的。例如，鲁迅的作品已经超过了作品保护期限，但其作品的署名权、修改权、保护作品完整权仍然没有过期。换言之，如果未经许可对鲁迅作品进行删节修改再重新出版，仍然涉嫌侵权。

四、保护作品完整权

所谓"保护作品完整权"，是指保护作品不受歪曲、篡改的权利。歪曲是指故意改变事物的真相或内容；篡改则是指用作伪的手段对作品进行改动或曲解。保护作品完整权是著作人身权之一，然而理论和实务中对其却存在大量的争议和误区。

由于多数情况下对作品完整权的破坏都是通过修改作品来实现的，因此，理论上有一种很有代表性的观点认为，"狭义的修改权与保护作品完整权具有相同的含义，不过是一项权利的两个方面。也就是说，从正面讲，作者有权修改自己的作品，或者可以授权他人修改自己的作品。从反面讲，作者有权禁止他人篡改、歪曲、割裂自己的作品"。❶ 在这种观点的影响下，有论者主张在新的著作权法修订中应当将"保护作品完整权"与"修改权"合并。在著作权维权中，则存在广泛性的一种认识，即认为，只要涉及对作品一定程度的修改，就必然会侵犯"保护作品完整权"。

那么，修改权和保护作品完整权究竟是什么样的关系？保

---

❶ 李明德，许超. 著作权法 [M]. 北京：法律出版社，2003：79.

护作品完整权是否有独立存在的必要？笔者认为，保护作品完整权并不完全等同于修改权。第一，保护作品完整权虽然往往是因为作品被"修改"，但是仅仅修改作品却未必会破坏作品的完整权，因为"歪曲"和"篡改"的定义要件决定了没有歪曲和篡改作品主旨和内容的修改并不会破坏作品完整性。事实上，多数国家也将"可能对作者的声誉造成损害"作为侵害保护作品完整权的前提。❶ 第二，保护作品完整权是保护作者权利的"第二道防线"，具有功能性价值。实践中，作者因为各种合同关系授权他人修改作品，但对于修改幅度和范围往往未能仔细约定，如果他人的修改出乎作者意料（达到歪曲、篡改的程度），作者至少还保留有"保护完整权"可以拒绝修改后的作品出版。换言之，作者手中还保留有对修改权宏观方向上的最后控制权。❷

那么，在司法实务中，"保护作品完整权"的含义是如何被理解的，应当如何把握？笔者检索了实践中关于保护作品完整权的一些典型案件，希望能从中找到一些共性和规则。

1. 侵害作品修改权但并未达到"歪曲、篡改"程度的，不构成对保护作品完整权的侵害

在尹芳林诉华文出版社一案中，原告尹芳林于 2004 年独立创作完成《古国的故事》，而发行单位华文出版社擅自将书中的

---

❶ 王迁. 知识产权法教程［M］. 2 版. 北京：中国人民大学出版社，2009：113.

❷ 崔国斌. 著作权法：原理与案例［M］. 北京：北京大学出版社，2014：365.

内容添加了"吴哥"一篇，并将书名改为《消失的古国》。因此被原告以侵犯保护作品完整权等为由诉诸法院。该案经历一审和二审，最终二审法院认定，涉案作品并未侵害原告的保护作品完整权，原因是只有对作品的修改实质性地改变了作者在作品中原本要表达的思想感情，从而导致作者声誉受到了损害时，才可被认定为构成对于保护作品完整权的侵犯。而本案中，涉案作品系对七个古国的介绍，作者希望通过该书的介绍使读者对于书中所涉及的七个古国有较为全面的了解，而华文出版社增加"吴哥"一章亦是为此目的，而非对涉案作品所要表达的思想感情进行歪曲、篡改。❶

与之相对，如果对作品的修改导致了对作品主题、精神的歪曲、篡改，则既侵害了修改权，也同时侵害了保护作品完整权。例如，在《采蘑菇的小姑娘》著作权案中，陈晓光、谷建芬分别是《采蘑菇的小姑娘》词、曲著作权人，2012年，陈、谷发现在北京销售一种由张仲景大厨房公司生产的"仲景牌香菇酱2瓶组合装"，包装盒背后印着《采蘑菇的小姑娘（最新版）》（作词：佚名　作曲：谷建芬）的曲谱。经与原作比对，发现歌词部分除了第一句相同外，其余均不相同，后者基本为香菇酱的广告宣传词；简谱部分也对原曲调进行了更改；作品署名部分将词作者陈晓光改为佚名。故陈、谷二人以侵害著作权为由，将张仲景大厨房公司等诉至法院。该案虽然最后以和

---

❶ 梁利波. 作品完整权的保护限度［J］. 人民论坛，2015（5）.

解结案，但是被告将原作作者塑造的一个活泼可爱的采蘑菇的山区少女勤劳勇敢的形象完全变成经营性的广告内容，显然歪曲了原作的主题，篡改了作者的本意，侵入了他人"保护作品完整权"的领地。

2. 侵害作品修改权一般是针对作品本身，如果作品本身未被改动，但别人对作品进行了其他利用，则不涉及对保护作品完整权的侵害

例如，2006年，四川电视台经济频道组织拍摄了短剧《幸福耙耳朵》（第一季），20集短剧中有5集由马某单独担任编剧。从2007年2月开始，上述频道又组织拍摄并播放了《幸福耙耳朵》第二季，续集沿用了第一季中的故事背景、人物关系等基本设定，但在情节安排、人物对白等方面与第一季并不相同。2012年马某起诉称，其为上述方言短剧第一季的唯一原创著作权人，被告电视台未经其许可使用了该作品拍摄续集并播放，新增人物歪曲了原作品的主题和价值取向，侵害了其保护作品完整权等合法权益。法院一审认为，第一季以后的剧集系电视台独立拍摄完成，原告并没有参与剧本的创作，且续集并没达到偏离原作主题及价值取向的程度，而是构成新的作品。因此电视台并未侵害原告的合法权益，故判决驳回原告的诉讼请求。一审宣判后，原告提起上诉，二审法院维持原判。

笔者认为，关于保护作品完整权，《伯尔尼公约》第六条第二项规定，是指作者有"反对任何有损作者声誉的歪曲、篡改

或者其他改动或者贬抑其作品的行为"的权利。可以看出,从法条字面理解,"歪曲、篡改"针对的是作品本身,而"其他改动或者贬抑"针对的是作品本身未加改动的情形,❶ 这说明,我国著作权法中的保护作品完整权,对于没有改动作品本身的行为,并未予以明确,而续写行为是对作品的进一步延伸而非如改编一样对其本身内容的改动,因此并不侵害保护作品完整权。

3. 侵害保护作品完整权一般对修改幅度有一定要求,但并不绝对

一般而言,对保护作品完整权的侵害是以修改形式进行的,而且这种修改要达到一定的幅度,如果只是轻微幅度的修改,则一般不认为构成对保护作品完整权的侵害。例如,在"招财童子拜年系列之拜年童子"著作权案件中,被告对作品所作的改动仅限于局部和细微之处,作品主题、人物结构、绘画风格等均未发生根本变化,修改尚未达到歪曲、篡改原作品的程度,因此保护作品完整权的诉请没有得到法院支持。与之相对,在北京陈幸福玩具设计中心诉上海声像出版社、普天同庆文化传媒(北京)有限公司侵犯著作权纠纷案一审中,"被告普天同庆公司未经原告陈幸福中心许可……且有 1 幅涉案陈幸福兔形象被裁剪了约一半",由于美术作品的一半被裁剪,显然已经根本

---

❶ 日本学者加户守行观点。严正. 论续写作品对原作品完整权的影响 [J]. 河南图书馆学刊,2005(2).

改变了作品的主题，因此显然构成对作者保护作品完整权的侵害。❶

但是，修改幅度的要求并不是绝对的，以下有两种例外情况。

例外1：对于某些特殊形式的作品，即使只是形式上的某种修改，也可能构成对保护作品完整权的侵害。

例如，在林岫与东方英杰公司等著作权纠纷案中，涉案作品是书法作品，而被告未征得作者许可，擅自改变涉案作品的字间比例和相对位置，尽管改变并不显著，但法院仍然认为："在创作时，为作者所考虑的书法字体位置的排列、字间大小、对应比例的选择及章法布局均是影响书法美观、效果的决定因素。作者对其作品施以的不同笔墨技巧和章法布局所最终体现出的艺术效果均是该作品的独创性之所在。现被告未征得作者许可，擅自改变涉案作品的字间比例和相对位置的行为，构成对原告的作品修改权的侵害。该行为所带来的客观后果破坏了林岫作品的整体完美与和谐，违背了作者在创作之初所要表达的作品美感与追求，亦违背了作者的意愿，最终破坏了原告对其作品享有的保护作品完整权"。❷

例外2：有些行为对他人作品并未进行任何修改，仅仅是将作品置于特殊背景之下，但只要可能扭曲公众对其的理解，依

---

❶ 北京市第二中级人民法院（2007）二中民初字第85号。

❷ 北京市第二中级人民法院（2002）二中民终字第07122号。

然可能被认为是对作品的歪曲，从而构成对原作保护作品完整权的侵害。

例如，1995年，林奕拍摄了反映海关人员缉私风采的彩色摄影作品《跳帮》，作品画面为海关缉私警察跳跃走私船帮实施缉私行动的场景，后在《走向二十一世纪的中国海关》大型画册中刊登，作品下方配有"用忠贞和正义锻造的利箭射向罪恶，使走私分子胆战心惊。图为海关海上缉私队员在'跳帮'的文字。"然而，2000年，中国新闻社却从上述画册中复制了该幅作品用于第21期《中国新闻周刊》封面，并在照片画面中自上而下配写了"私破海关""腐败重创中国海关大门""危机中华""地盗战""娱乐圈是个什么圈"等文章标题，并在照片右上方印制了一个反转的中国海关关徽图案。林奕以侵害著作权等为由将中国新闻社诉诸法院。北京市高级人民法院经审理认为，中国新闻社擅自使用原告作品，明知作品主题却在刊物封面上配印与之相反的图案和文字，严重歪曲、篡改了作者创作本意，因此构成对原告保护作品完整权的侵害。❶

五、复制权

复制权是著作财产权的第一项，也是最为重要的一项，因为其他所有的著作财产权，都需要以复制权为基础。值得注意的是，从二维到三维是否构成"复制"。以下以"神鸟出林壶"

---

❶ 崔国斌. 著作权法：原理与案例［M］. 北京：北京大学出版社，2014：366.

案为例展开分析。

笔者在 2015 年曾看到一个报道，大意是汪寅仙是海内外知名的紫砂壶制作大师，由她创作的"神鸟出林壶"因构思巧妙，艺术感强，在国内外巡回展览中广受好评，并进行了版权登记。汪寅仙于 2014 年偶然在报纸上看见了无锡某展示中心的图片，看了介绍得知是以紫砂壶为设计原型，并以最大紫砂壶造型建筑正式载入了吉尼斯世界纪录。汪寅仙经现场查看，认为该展示中心的外观与自己的作品"神鸟出林壶"非常相似，遂将开发商告上法庭。

关于该案，笔者并未看到关于判决结果的后续报道。但是，因为该案，却引发了笔者长久的思考：模仿某个美术作品来建筑楼房，违反著作权法的规定吗？

著作权法意义上的作品，分为思想和表达两个部分，例如，小说《红楼梦》通过文字表达曹雪芹对封建大家族罪恶的批判，油画《呐喊》通过线条和造型表现工业时代人们内心的焦灼，交响曲《命运》通过激动人心的旋律反映出贝多芬对厄运的坚强抗争。值得注意的是，以上所说的思想均不受著作权法保护，著作权法要保护的是表现这些思想的表达，即语言组织、线条造型和旋律表现。

在紫砂壶案中，一种代表性的观点认为，该案涉及跨界作品著作权的保护，不应给予紫砂壶作品跨界的强保护。事实上，这是混淆了作品与作品载体的关系。著作权保护的对象是一种创造性的智力成果，虽然作品的存在和传播要依赖于物质载体，但是著作权本身却是一种无体的存在，著作权和作品载体本身可以相互分离。比如，"神鸟出林壶"作为美术作品，不是指那个紫砂陶壶，而是壶上反映出的神鸟出林造型。由于著作权具有非物质性这一特点，决定了著作权的存在、转移和灭失，在通常情况下并不与作品载体发生必然联系。换言之，与商标保护必须要受限于注册商品种类不同，对著作权的保护是不受商品或者产品类别限制的。因此，对于著作权的保护而言，只要他人对作品的表达进行了再现，无论是何种形式，无论再现的载体在类别上差别多么悬殊，也不妨碍构成著作标侵权。因此，在作品保护上并无载体类别限制，自然就并不存在"跨界保护"这种说法。

有人可能会产生疑问，对于紫砂壶与展示中心来说，二者尺寸比例悬殊，即使有所参照也要付出大量的心血和技艺，难道这样"创作"出来的展示中心不能构成独立的作品吗？答案是否定的。

著作权理论发展至今，我国司法实践和理论上对于版权法上的独创性的认识已经发展成熟，包括"独"和"创"两个要件。其中"独"的含义是指"独立创作、源自本人"，包括两种情形：第一，从无到有的创作，例如南派三叔创作出了小说《盗墓笔记》；第二，以已有作品为基础进行再创作，例如根据《盗墓笔记》改编成漫画作品。但是，无论何种情形，都仍须符合"创"的要求。"创"即"创造性"，包含两层含义：

第一，作品必须包含一定的创作高度。换言之，独创性要求作品有区别于其他表达形式的个性化的表达，既不是依已有的形式复制而来，也不是依既定的程式或者程序推演而来。个性化的成分可以有多有少，但是必须存在。如果在他人作品基础之上进行创作的结果与原作品之间过于近似，以至于缺乏能够被客观识别的差异，这种劳动成果就只能被称为原作品的"复制件"，相关的劳动过程也只能称为"复制"行为而非"创作"行为。例如精确地临摹古画不会产生新的作品，原因正在于临摹者不会加入自己个性化的表达。古画临摹的价值和目的就在于临摹作品要忠实原作，切忌个人创造和擅自改动，对形制、尺寸、内容、颜色、风格甚至残损、污痕都要与原作如出一辙。在这种情形下，自然没有个人表达存在的空间。

第二，某些智力成果的创作过程需要艰辛的劳动或者高超的技巧，但"创造性"并不等同于劳动的多少或者技巧的高低。对于类似古画临摹的很多智力成果的创造，都涉及技艺的运用，有些甚至要求创造者付出极大的心血。然而，单纯的技艺，即使付出巨量的投入，只要没有版权法意义上的创造，就不能产生新的作品。这是因为，单纯的"劳动成果"，在数百年前的确可以基于"额头出汗"原则而在英美法系国家受到版权法的认可，但是时至今日，单纯的不带来个性化选择和表达的"创造"已经难以被认定为版权法意义上的创作。例如，将《蒙娜丽莎》按照1：1000的比例精确缩小绘制在一颗米粒上，的确是一种令人瞠目结舌的技艺，但是，只要各部分都严格遵守这个比例，那么绘画者就没有对这种表达作出任何实质性地改动，没有贡献出源自本人的任何新的点、线、面和几何结构，只要具备缩绘技艺，任何人都可以完成将画作缩小绘制在米粒上的任务。而缩绘技艺本身，却并不是著作权法所要保护的客体，因为这是一种人类技巧，而不是具体的思想表达。

因此，一方面，百分之百复制他人作品的造型不会另外产生新的作品；另一方面，即使在参照他人美术作品建造建筑时没有完全复制他人作品外形，而是进行了部分的改编，但只要和他人作品构成近似，就仍可能涉嫌侵犯他人作品的改编权。

因此，如果接触过他人美术作品后又按一定比例放大为建筑，如果在造型上构成相同或者相似，就有侵犯他人著作权之嫌。

［延伸思考］

工业设计图的出现，使得版权法上的一个基础性的概念——"复制"，在内涵上受到了颠覆性的挑战。从权利特性的角度，传统的著作权法认为，在著作权的各项权能中，除发行权外，其他权利均以控制作品独创性内容的"再现"为目标：复制权控制制作作品有形复印件的行为；表演权、广播权和展览权控制通过身体、机械装置等手段再现作品内容的行为，演绎权控制以改编、翻译、汇编等方式再现作品内容的行为。因此，"再现"是判定著作权侵权的一个核心要素。但是，在工业设计图成为作品时，这一理论却面临争议。因为，工业设计图除了本身所反映的图形语言的"科学之美"，还承载了某种技术方案，那么，当他人未经许可将这种体现"科学之美"的图形语言所承载的"技术方案"在自己生产的产品上"再现"后，是否构成版权意义上的"复制"呢？换言之，对于工业设计图这种图形作品，采用"平面到立体"的方式，是否构成著作权法意义上的"复制"呢？答案不可一概而论。

根据衍生产品是否构成作品，工业设计图可以分为两类：一类是工业设计图及衍生产品均构成作品，例如三维艺术品的设计图及其产品；另一类是工业设计图构成作品而衍生产品并不构成作品，例如灭火器的设计图及其产品。就大多数情况而言，工业设计图本身构成作品，但生产品并不构成作品。对于这种情形，"平面到立体"由于不符合著作权法的"思想表达二分法"原则而不构成"复制"。首先，版权不保护思想。根据公认的版权法理论，工艺、操作方法、技术方法和任何具有实用的功能都属于"思想"的范畴，而"思想"是不受版权法保护的。例如，某人写了一本如何制作沙发的书（书中未附具体照片），有人根据书中的尺寸描述和详细工艺制造了一个沙发，书的作者是不能要求其承担侵权责任的，因为制作沙发的人利用的是书的"思想"而没有"复制"书的表达。同样的道理，一般的工业设计图本身的图形语言所组成的图形系统并非最终的产品实物，利用工业设计图的人感兴趣的也并非"复制"这些纸面上的标记、线条和尺寸，而是根据其几何关系和尺寸参数的"思想"指导制造出的新产品，虽然这种行为也涉嫌侵犯他人其他形式的智力成果，但并不构成版权意义上对复制权的侵害。其次，不利于技术进步。工业设计图构成作品而衍生产品不构成作品这一类型在工业上占绝大多数，人们日常生活中常见的工业用品，如车轮、机床、机械装置、电路装置等，都有对应的产品设计图，一般都能符合图形作品的构成要件，但是产品本身却因为只体现了实用功能而难以构成作品。因此，他人如果模仿设计者的产品本身，是不构成著作权侵权的，因为产品本身并不构成作品。在这种情况下，如果承认"平面到立体"构成复制，就意味着设计者根据产品设计图设计的产品是图形作品的复制件，即作品的载体，那么他人再复制产品，就构成对产品设计图的"间接复制"，同样构成侵权，显然，这与我们前面得到的结论相反。因此，如果承认"平面到立体"构成复制，就会在事实上使得工业设计图的衍生产品在事实上获得了准作品的地位，而这带来的最直接的后果，就是使设计者获得了极不合理的技术垄断地位，并使得法院对艺术品的保护延伸到各种纯功能性产品的形状上。可以想象，如果某一精密仪器行业的某个零件成为通用零件后，设计者可以基于图纸上标注的尺寸、造型带来的著作权而禁止他人生产相同规格的零件，这必然会造成极不合理的行业垄断，而这种情形下法律所保护的内容，固然与"艺术之美"毫无关联，与"技术之美"也相去甚远，完全成为被经营者用来技术垄断的工具。因此，此种情形只能适用"平面到平面"的复制方式。

如前文所述，工业设计图的衍生品很少能单独构成作品，因为衍生品即使具备某种艺术美感但只要这种美感是属于与其使用功能不可分离的必要设计，就不属于版权法保护的内容，例如迪比特诉摩托罗拉印刷线路板布图设计作品案表明，他人根据构成作品的电路板布线图生成印刷电路板，印刷线路板本身也反映了源自于电路板布线图的科学美感，但由于本身难以与技术实用功能分离，因此不能像电路板布线图那样受到版权保护。在这一标准下，绝大多数具有美感的工业设计图的衍生品被排除在外，而少数艺术设计空间较大（美感和功能可以分离）的工业衍生品可以构成三维艺术品，从而受到版权法保护。正因为这个原因，德国著作权法将工业设计图同样区分为两类，一类是具有设计师个人美学独创观点的可视性内容，一类只表达了科技方面内容，而只有对前者"平面到立体"的复制才涉及侵权。基于同样的考虑，国家版权局版权管理司在《关于对地毯产品侵权问题的答复》中进一步明确表示："关于我国著作权法第五十二条第二款，是指按照工程设计、产品设计图纸及其说明进行施工生产工业品，实施的结果不产生文学、艺术和科学作品的情况，例如机器零件本身不属于文学、艺术和科学作品，因此按照图纸生产机器零件不属于著作权法所称的'复制'。但是，如果实施行为的结果或者结果的一部分仍然属于文学、艺术和科学作品，则不属于第五十二条第二款的情况，而应属于著作权法所称的'复制'，例如将受著作权法保护的图案印在纺织品上。"总之，按照工业设计图制造工业品是否侵权，取决于该工业品的艺术美感与实用功能是否可以分离。

因此，就绝大多数情形而言（少数构成三维艺术作品的工业品除外），著作权法只能禁止他人未经许可对工业设计图进行"平面到平面"的复制，但不能限制他人根据工业设计图建造或制造与之相对应的工程或工业品，否则将使著作权法沦为保护技术方案的工具。当然，"工程设计、产品设计"的价值所在，确实是建造或制造出有一定创造性的工程或工业品，但这并不意味着著作权法是保护这种实用价值的恰当法律机制。与工业设计有关的技术方案可以依法申请专利权。在获得授权之后，他人未经许可实现该技术方案的行为，比如根据设计图制造工业品和销售工业品，都将构成对专利权的侵犯，但这与著作权法保护并无关系。

六、发行权

实践中，有这样一种情形，侵权者在某个软件的官方网站上下载了免费软件（通常是试用版），再刻录成光盘标价出售，从行为上看，仍然侵害了著作权人的发行权。原因在于著作权人仅仅是在网站上提供了免费下载服务，即默许网络用户可以通过网络"复制"其作品，但并未授权网络用户可以基于盈利目的将该作品的复制件以出售的方式向公众提供。

值得注意的是，将作品在网络上提供作品的复制件，属于信息网络传播权而不属于发行权。发行权和信息网络传播权有什么不同呢？例如购买一本书之后，可以再次转售；但是，购买一个电子书之后，却不能在网络上再次转售，这是为什么呢？以下以"二手电子书"和权利穷竭原则的关系展开论述。

1. 权利穷竭原则的涵义

权利穷竭原则又称权利耗尽、权利用尽原则，是知识产权法上一个特有的原则，指知识产权所有人或许可使用人一旦将知识产品合法置于流通领域以后，其他人再次转让的行为不受权利人的控制，不必征得权利人的同意。

权利穷竭原则兴起于 20 世纪中叶的欧洲，早在 1965 年，联邦德国即在其版权法中规定了"首次销售原则"："一旦作品的原本或者复制品经有权在本法律适用地域内销售该物品之人同意，通过转让所有权的方式进入了流通领域，则该物品的进一步销售被法律所认可。"西方法学家将这种规定称为专有权在"销售领域内的穷竭"，又称为"权利的一次用尽"。此后，英国、奥地利等国分别在版权领域对权利穷竭做了规定，随着该原则的进一步发展，商标权、专利权等也分别被纳入其中。时至今日，权利穷竭原则已成为知识产权法中平衡物权和知识产权的一个重要原则。

2. 权利穷竭原则的法理根据

权利穷竭原则产生的原因，主要在于平衡物权和知识产权在知识产权载体上的冲突。以著作权为例，作者将载有其作品的书籍投入市场后，获得了经济上的回报，而购买书籍的消费者则获得了作品的载体（书籍）的所有权。消费者对书籍进行阅读，属于对物的使用，不与作者的权利发生冲突；但是，当消费者对书籍再次销售时，在表面上会与作者的发行权发生冲突。如果此时仍然赋予作者干涉书籍转让的权利，就会影响作品的流通，同时对消费者的物权也会产生不合理的侵犯。为了平衡，法律创设了权利穷竭制度，规定在这种情况下，物权要优于作者的发行权得到保护。倾斜保护的原因主要基于两点：从合理性的角度，作者的著作权已经在作品的第一次销售中通过获得的经济报酬得到了体现，不应该在以后的流通环节中重复获益；从权利特性的角度，版权是控制再现作品内容的行为，在著作权的各项权能中，如前文所述，除发行权外，其他权利均以控制作品内容的"再现"为目标：复制权控制制作作品有形复印件的行为；表演权、广播权和展览权控制通过身体、机械装置等手段再现作品内容的行为，演绎权控制以改编、翻译、汇编等方式再现作品内容的行为。换言之，消费者对书籍的再次转让，只是原有作品载体在物权主体上发生变动，但并没有使得作品内容"再现"——即使得作品载体的数量增加或者使作品通过别的方式和手段产生作者无法控制的"再现"。

除著作权外，商标权要控制的是商标与厂商的联系，专利权要控制的是对技术方案的垄断，这些都不涉及对有形的知识产品载体的控制，因此，倾向于物权优先的权利穷竭原则的确立对商标和专利的权利人同样没有产生实质性的影响。

需要指出的是，权利穷竭原则主要是指积极利用权的穷竭。权利人售出知识产权产品以后，知识产品的所有人有权对知识产权载体加以再利用，此时知识产权权利人因物权的转移而在实质上无法行使需要依靠作品载体才能实现的积极利用权，但是，仍然保留保护其知识产权不受侵犯的消极权利，一旦载体所有人对知识产权载体的利用逾越了物权的界限而侵入到了著作权的领地，就会面临侵权的指控。在这种情况下，权利穷竭原则就丧失了得以适用的基础，成为原则之外的例外。

3. 知识产权产品权利穷竭的例外情形：网络环境下无实体形式存在的版权作品

前文提到，权利穷竭原则源自版权法中的"首次销售原则"，在著作权中，是针对发行权而言。传统的发行权是指版权人控制作品有形载体的传播，网络出现以后，数字图书馆等新事物的产生，使得建立在作品有形载体上的发行权面临新的挑战：首次销售原则是否应该扩展到网络环境？要回答这一问题，首先应该注意权利穷竭原则的产生基础。权利穷竭原则是为了解决基于同一有形载体上发生的物权和知识产权的冲突而产生的协调规则，而在网络环境下，信息的传播都是数字化的，并没有承载的有形载体。消费者在网络上付费下载的版权作品（如电子书、MP3 或者电影等）所支付的费用并不像传统的作品那样还包含作品载体的物的价值，而是作品版权的全部体现。消费者下载作品后如果转让给他人（实为将作品通过网络复制给他人）后，并不因此而失去对下载作品的使用。显然，这和传统的图书再次销售后消费者就失去对作品的使用是截然不同的。也许有观点认为，可以将计算机的磁盘视为网络下载作品的载体，以此获得权利穷竭原则的适用基础。如果这个观点成立，就必须满足三个条件，第一，消费者不能通过网络向他人交付作品，因为涉嫌侵犯信息网络传播权和复制权；第二，消费者必须在再次销售时将网络作品连同原始载体（磁盘）一同转让给他人；第三，消费者必须在转让前删除自己电脑上的作品，否则会侵犯权利人的复制权。显然，如上条件与现实情况是不相符合的，也是不合情理的。因此，对于网络环境下无实体形式存在的版权作品，权利穷竭原则没有适用的前提。

七、出租权

实践中出租权纠纷发生较少。此项权利值得注意的地方是：仅适用于电影作品和以类似摄制电影的方法创作的作品和计算机软件，而并不包括图书。因此这和人们观念中的"出租"存在较大的区别。换言之，如果他人将自己合法购买的图书出租给公众阅读，并没有侵害图书著作权人的出租权。

八、展览权

现行《著作权法》第十条规定，展览权，是指"公开陈列美术作品、摄影作品的原件或者复制件的权利"。第十八条同时规定，"美术等作品原件所有权的转移，不视为作品著作权的转移，但美术作品原件的展览权由原件所有人享有"。结合这两条似乎可以得出一个结论：展览权从内容上可以分为以作品原件为对象的展览权和以复制件为对象的展览权，当作品原件的所有权转移后，以作品原件为对象的展览权就归属于原件所有人了。以此为基础又可以得出一个结论：作品原件的所有人获得了部分的"展览权"。这个推论是否正确呢？答案是否定的。我们知道，展览权是著作权财产权的一种，而著作权的客体均是"作品"而非作品载体（原件或者复印件）。因此，展览权严格地说应该是一种公开陈列原件或者复制件上所创作的美术作品、摄影作品的权利，对比这种定义与现行著作权法上的条文，似乎只是用语排列顺序的不同，但却在权利对象上有着根本的区别：一种强调的是公开陈列"载体"；另一种强调的是公开陈列"作品"。事实上，展览权是一种著作权，其权利客体不是有形的原件或复印件，而是附着其上的一种无体的智力成果。因此，原件所有权的转移，并不能得出展览权可以因为载体的转移或分割而相应地转移或分割的结论。只是意味着作者行使展览权的内容因为其中一种重要载体的物权转移而发生限缩：作者以后只能依靠其作品的复制件来行使展览权了。而原件所有人获得原件当然可以展览，但是，这种对原件的"展览"，属于对原件的一种物权的使用行为，其权利客体是原件而非作品。

人们自然会发出疑问：以上的区分有何意义呢？换言之，原件所有人只要有权对其所有物进行"展览"，究竟是物权上的"展览"，还是版权上的"展览"，有何区别呢？区别的意义在于是否侵犯作者的发表权。所谓发表权，前面已提到，是指作者有权决定是否将作品公之于众以及何时、何地、何种方式公之于众的权利，具体包括出版发行、广播、上映、口述、演出、展示和网络传播等方式。不难看出，对未发表的美术作品而言，展览权的行使往往意味着发表权的行使。如果认为原件所有权的转移意味着展览权的部分转移，那么这里面必然包含着对"发表"的默示同意，因为原件持有人"展览"原件的全部含义就是要公之于众。如果一方面授予原件持有人原件的展览权，而另一方面却不允许其公开，就会使得其获得的"展览权"形同虚设；相反，如果认为原件所有权的转移并不意味着展览权的部分转移而只表明物权的转移，那么就不能推定作者对"发表"的默示同意，因为展览原件仅仅是物权的一种使用方式，而物权的行使不能侵害著作权人的合法权益。

九、表演权

表演权既可以由著作权人自己行使，也可以授权他人行使，还可以转让给他人。表演权既可以通过人来实现，也可以通过音乐播放装置实现（即"机械表演"）。因此，如果酒吧老板在合法购买某个音乐唱片后，不是放在家里自己欣赏，而是未经许可擅自在营业场所播放用于招徕顾客，就侵犯了音乐作品著作权人的"（机械）表演权"。

这里需要注意的是"表演权"和后面"表演者权"的区分。表演权是著作权而表演者权是邻接权，二者在权利主体、权利内容等诸多方面存在不同。表演权，指著作权人自己或者授权他人公开表演作品，以及用各种手段公开播送作品的权利；表演者权是指表演者对其表演活动所享有的专有权利。

二者都受著作权法的保护，但是存在本质区别：（1）法律性质不同：前者属于著作权，后者属于邻接权；（2）保护客体不同：前者为作品，后者为表演；（3）权利主体不同：前者为作者，后者为表演者；（4）权利内容不同：前者为财产权，后者既包括财产权也包括人身权；（5）保护期限不同：前者为作者终生及死后 50 年，后者人身权保护期不限，财产权为 50 年。

十、放映权

这一权利意在保证权利人能控制电影播放和幻灯展示之类的行为。享有放映权的作品，限于美术、摄影和电影类作品。如果某个创作成果被认定为录音录像制品，则不享有放映权。此外，此项权利所使用的设备为"放映机、幻灯机"等类似设备，因此如果通过无线电台、互联网播放作品，就不属于放映权控制的范围。❶ 放映权意味着购买正版电影可以用于个人观赏，如果用来公开播放，不管是否营利，都需要经过著作权人许可并支付费用。

十一、广播权

广播权包括三种方式：第一，以电台或者电视台的发出无线信号的方式广播作品；第二，接收到第一种方式发出的无线信号后，通过电缆等方式将信号进行有线传播；第三，接收到第二种方式传递过来的信号后，通过扩音器、电视机等设备向公众传播。不难看出，这三种方式其实相互之间形成了"一级传播→二级传播→三级传播"的方式，而广播权覆盖了三个级别的传播。

本项权利值得注意的有两点：第一是"一级传播"必须是

---

❶ 崔国斌. 著作权法：原理与案例［M］. 北京：北京大学出版社，2014：431.

通过过无线信号的方式进行，这就使得侵权者如果是在网络上实时盗播他人的电视节目就很难被认为侵犯了广播权，因为侵权者在"一级传播"阶段使用的是有线传播方式；第二是广播权传播的作品内容是确定的，受众无法选择，这就使得侵权者如果是在网络上上传了他人的电视节目供网友随时点播，就不能认定为侵害了广播权，而是侵犯了下一项权利，即"信息网络传播权"。

十二二、信息网络传播权

本项权利的最大特点就是受众可以决定何时何地接收被传播的作品内容，但是值得注意的是，如果侵权者在网络上实时盗播他人的电视节目，同样很难被认定为侵犯了信息网络传播权，因为在此种方式中受众仍然难以自由选择接收作品内容的时间和地点。这一问题在体育赛事直播节目被网络实时盗播的案件中表现得较为突出。对于这一问题，实践中有的法院开始探索使用《著作权法》第十条第（十七）项兜底性权利来保护，或者援引反不正当竞争法来保护。

十三、摄制权

这里的"摄制"是指著作权人以摄制电影或者以类似方法将作品固定在载体上。作者可以自行或者授权他人摄制自己的作品。此项权利的法律纠纷多出现在影视作品中。例如在"琼瑶诉于正案"中，原告就主张被告电视剧的制作，涉及对其作品摄制权的侵害。换言之，将他人的小说、戏剧等作品拍摄成电影、电视剧等作品应当取得作者许可，否则构成侵权行为。值得注意的是，制作电影时，制片方对于电影剧本的作品来源需要反复调查。例如如果某个剧本是根据某部小说改编的，而该小说又是根据某部网络游戏改编的，则制片方就需要层层获得许可，最后一直从最初作品的作者处取得许可，否则就会在某一环节引发侵权纠纷。

十四、改编权

本项权利在实践中最有名的案例是"琼瑶诉于正案"。该案中，法院认定原被告作品构成实质近似，但判决被告侵犯的是原告作品的"改编权"而非"复制权"。这两种权利在著作权法上是有严格区分的。复制权是著作权的财产权利中最为核心的权利，是指著作权人享有的制作作品复制件的权利。而改编权是演绎权的一种，所谓演绎权就是在保留原来作品基本表达的前提下，在原有作品基础之上创作新作品并加以后续利用的行为，具体包括翻译、改编、摄制和汇编等各种形式，由此而产生的作品被称为演绎作品。而改编权，就是指改变作品，创作出具有独创性的新作品的权利。

为什么法院判定《宫锁连城》与《梅花烙》整体上实质近似，但侵害的是"改编权"而不是"复制权"呢？这是因为，虽然在该案中，《宫锁连城》与《梅花烙》在整体上出现了高度近似，在整体上的情节排布及推演过程基本一致，但仍然在部分情节的排布上存在顺序差异，在原告就小说《梅花烙》及剧本《梅花烙》分别列举的被剽窃的 17 个桥段及 21个桥段中，被法院经审理认可的构成侵权的情节只有 9 处。而且，《宫锁连城》在台词等作品元素上也与《梅花烙》存在明显区别，这说明，《宫锁连城》并非单纯地对《梅花烙》进行机械地、全面地复制，而是在保留原作基本表达的基础上又有了新的改变、删减，从而形成了具有自己独创性表达的新作品，而这样的作品，就是"改编作品"。而要出版、发行改编作品，必须得到原作权利人的许可，否则，就会侵犯原作权利人的"改编权"。

构成改编作品，需要具备两个条件：第一个条件是必须利用了原始作品的表达。如果没有利用原始作品的表达，或者只是利用了原始作品的思想，则不属于著作权法意义上的改编。第二个条件是包含演绎者的创作。在利用他人表达的基础上，改编者进行了再创作，改编的结果和原始作品相比具有独创性，符合作品的要求。如果仅仅利用了原始作品的表达，但是没有改编者的创作，没有形成新的作品，同样不构成改编作品。

十五、翻译权

2014 年年底，曾经为海外影视剧影迷们关注的人人影视、射手网等在线视频网站被关停。其中原因之一，就是涉嫌侵害国外影视作品翻译权。对于影视作品而言，字幕属于作品的有机组成部分，对字幕的翻译需要得到其著作权人（制片人）的许可，未经许可翻译并传播显然构成对其作品翻译权的侵犯。

十六、汇编权

这项权利既可以由作者行使，也可以授权他人行使。实践中表现较多的是作者授权出版社出版个人作品的选集、精编等。作者本人行使此项权利时，一般表现为对自己的作品或作品片段进行独创性的编排。

十七、应当由著作权人享有的其他权利

本项权利的意义在于兜底。换言之，如果可以判断某一作品权利被侵害，但被侵害的行为难以归纳为前述权项，就可以适用本项权利。例如，在新浪诉凤凰网案❶中，法院认定过体育赛事直播节目为作品，但被告的行为属于在网络环境下的同步直播，在行为模式上没有落入广播权、信息网络传播权等的定义，因此法院最终以本项权利认定为被告侵害的对象。

---

❶ 参见北京市朝阳区人民法院（2014）朝民（知）初字第 40334 号判决。

第十一条 【作者】

著作权属于作者，本法另有规定的除外。

创作作品的公民是作者。

由法人或者其他组织主持，代表法人或者其他组织意志创作，并由法人或其他组织承担责任的作品，法人或者其他组织视为作者。

如无相反证明，在作品上署名的公民、法人或者其他组织为作者。

[《著作权法实施条例》相关规定]

第十三条 作者身份不明的作品，由作品原件的所有人行使除署名权以外的著作权。作者身份确定后，由作者或者其继承人行使著作权。

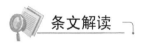 条文解读

本条规定了法人作者的概念以及推定一般作品作者身份的

途径。自然人作者较为常见，法人作者也不少，例如以自己名义推出的"某某地区审判白皮书"的某个法院。

根据著作权法的规定，目前法定的作品权属证明是将"在作品上署名的"主体推定为作者。因此，对于原告作品上无法署名或没有署名只能通过其他形式证明其权属的，被告律师需要关注的是其他证明方式（如著作权登记证书、证人证言等）和证据链条的完整性、相关性和有效性。值得一提的是，特别要仔细核对公证书的内容和形式。例如，在笔者亲历的一次诉讼中，原告提供的公证书的落款时间早于公证书中记载的公证行为的时间，该证据的可信度因而大幅下降，由于该证据是原告的核心证据，原告方当事人因此陷入被动。

对于提供了作者署名的作品原件的，被告律师则要调整方向，重点关注原告是否享有诉权，例如：原告是特定类型职务作品（主要利用单位物质条件并且由单位承担责任）的作者，仅有署名权，针对其他权项起诉则不是适格的原告；原告有权使用第三方（作者）的作品，但仅仅是第三方的普通授权许可合同的被许可方，没有得到第三方授权无权单独起诉；等等。

第十二条 【演绎规则】

改编、翻译、注释、整理已有作品而产生的作品，其著作权由改编、翻译、注释、整理人享有，但行使著作权时不得侵犯原作品的著作权。

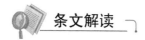 条文解读

前文在"改编权"中已经提到，对作品进行演绎从而形成新的作品时，需要受到原始作品著作权人的制约，在法律上负有不得侵犯原始作品的著作权的义务。

演绎作品又称派生作品，是指在保持原有作品基本表达的基础上，增加符合独创性要求的新表达而形成的作品。❶ 演绎作品产生的原因，源于优秀作品往往有二次开发或者多次开发的需要，❷ 通过这种开发，增加了著作权人控制作品利用和扩展作

---

❶ 王迁. 知识产权法教程［M］. 2版. 北京：中国人民大学出版社，2009：184.

❷ 卢海君. 从美国演绎作品版权保护看我国的《著作权法》相关内容的修订［J］. 政治与法律，2009（12）：129.

品市场的机会。❶ 例如，一部畅销小说问世后，可以被改编成漫画、拍摄成电影、制作成网络游戏等。演绎作品在世界范围内普遍受到保护，主要国际版权公约也规定了对演绎作品的版权保护。

构成演绎作品，需要具备两个条件：第一个条件是必须利用了已有作品的表达。如果没有利用已有作品的表达，或者只是利用了已有作品的思想，则不属于著作权法意义上的演绎。❷ 例如，将小说改编成电影，虽然会为拍摄电影需要而删去大量的细节和心理描写，同时增加大量的场景安排和人物动作、表情设计等，但小说的基本故事情节仍然清晰可辨，这就是对已有作品基本表达的保留。❸ 第二个条件是包含演绎者的创作。在利用他人表达的基础上，演绎者进行了再创作，演绎的结果和已有作品相比具有独创性，符合作品的要求。如果仅仅利用了已有作品的表达，但是没有演绎者的创作，没有形成新的作品，也不构成演绎作品。❹ 必须指出的是，由于借鉴了已有作品的表达，因此，演绎作品所要求的独创性通常要高于已有作品。在

❶ 冯晓青. 演绎权之沿革及其理论思考［J］. 山西师大学报：社科版, 2007（3）.

❷ 陈锦川. 演绎作品著作权的司法保护［J］. 人民司法·应用, 2009（19）.

❸ 王迁. 知识产权法教程［M］. 2 版. 北京：中国人民大学出版社, 2009：184.

❹ 陈锦川. 演绎作品著作权的司法保护［J］. 人民司法·应用, 2009（19）.

这一问题上，美国法院通过 Gracen 案❶和 Snyder 案❷分别确立了实质性区别标准和可区别性变化标准，明确了演绎作品必须要有区别于原有作品的实质变化，才能受到版权法的保护。

1. 演绎作品的双重属性和权利行使的两面性

演绎作品的两个构成条件决定了它的双重属性：一方面，演绎作品在表达方面与已有作品具有一脉相承的共同性和依附性，由于与已有作品具有相似的表达形式和共同的作品元素，使得演绎作品较之新作品而言具有与已有作品紧密的联系和显著的依赖；另一方面，由于演绎作品具有再创作的性质，在已有作品的基础上加入了新的独创内容，使得其区别于对已有作品的抄袭。因此，演绎作品的特点就在于它既保留了已有作品的基本表达，又包含了演绎者的独创性劳动成果。❸

由于演绎作品的双重属性，决定了其权利行使也具有两面性：一方面，演绎作品的著作权人享有《著作权法》第十条规定的全部著作权人身权和财产权；❹另一方面，由于演绎作品具有与已有作品"求同存异"的特殊属性，使得演绎作品的著作权与已有作品的著作权存在重合的部分，因而在行使时也必然受到已有作品著作权的制约和影响。我国《著作权法》第十二

---

❶ Gracen v. Bradford Exchange 698 F. 2d 300.

❷ L. Batlin & Son, Inc. v. Snyder 536 F. 2d 486（2d Cir.）（en banc），cert. denied，429 U. S. 857（1976）.

❸ 王迁. 著作权法学［M］. 北京：北京大学出版社，2007：142.

❹ 陈锦川. 演绎作品著作权的司法保护［J］. 人民司法・应用，2009（19）.

条规定，改编、翻译、注释、整理已有作品而产生的作品，其著作权由改编、翻译、注释、整理人享有，但行使著作权时不得侵犯原作品的著作权。这条规定暗含了这样一条规则：演绎作品著作权的行使，实际上是由演绎作品和已有作品著作权人共同控制的，而且，在这个共同控制的关系中，已有作品的著作权人起着决定性的作用。之所以不承认演绎作品的独立地位，主要在于演绎权的行使实质为对已有作品的变化性使用，因此演绎权应当受到已有作品著作权的控制。❶ 由于演绎作品与已有作品具有共同的表达元素，尽管演绎作品本身并不完全能替代已有作品，但演绎作品的权利行使如果不受限制，就很可能在客观效果上挤压已有作品的市场份额从而威胁已有作品著作权人对其作品独创性表达元素的专有。演绎作品权利行使受到权利人与已有作品著作权人共同控制的格局，决定了在演绎作品再次演绎的过程中，必然也要遵循与之相应的特有授权规则。

2. 演绎作品再演绎的授权规则

如前文所述，演绎作品行使包括演绎权在内的权利时，需要受到已有作品著作权人的制约，在法律上负有不得侵犯已有作品的著作权的义务。换言之，当演绎作品再演绎涉及已有作品著作权时，需要获得演绎作品著作权人和已有作品著作权人的双重授权；反之，当演绎作品再演绎并不侵犯已有作品的著

---

❶ 冯晓青. 演绎权之沿革及其理论思考 [J]. 山西师大学报：社科版，2007，34 (3)：42.

作权时，则并不需要获得已有作品著作权人的授权。

（1）再次演绎中未包含已有作品的表达元素，不需要已有作品著作权人授权许可。

演绎作品的表达元素由两部分构成：已有作品的表达元素和新创作的表达元素。因此，在演绎作品中，至少存在两个著作权：一是已有作品的著作权，二是演绎创作作品本身的著作权，就演绎作品本身的著作权而言，其权利范围仅限于再创作部分。❶ 显然，对于演绎作品中的新的表达元素，演绎作品权利人可以自由控制而无须取得已有作品权利人的许可。

（2）再次演绎中虽包含已有作品的表达元素，但该元素并非由已有作品著作权人独创，不需要获得已有作品著作权人许可。

已有作品的表达元素可以细分为两类：非独创性元素和独创性元素。对于非独创性元素，属于公有领域，并不专属于已有作品著作权人，因此同样可以自由使用而不需要得到已有作品著作权人的许可。

（3）再次演绎中包含已有作品的独创性表达元素，一般需要得到已有作品权利人的许可。

为了尊重著作权人对其作品的控制和利用，对于已有作品的未进入公有领域的独创性表达元素的利用，一般要得到已有作品著作权人的授权许可，否则就构成了对已有作品著作权的侵犯。

---

❶ 陈锦川. 演绎作品著作权的司法保护［J］. 人民司法·应用，2009（19）.

第十三条 【合作作品】

两人以上合作创作的作品，著作权由合作作者共同享有。没有参加创作的人，不能成为合作作者。

合作作品可以分割使用的，作者对各自创作的部分可以单独享有著作权，但行使著作权时不得侵犯合作作品整体的著作权。

[《著作权法实施条例》相关规定]

第三条 著作权法所称创作，是指直接产生文学、艺术和科学作品的智力活动。

为他人创作进行组织工作，提供咨询意见、物质条件，或者进行其他辅助工作，均不视为创作。

第九条 合作作品不可以分割使用的，其著作权由各合作作者共同享有，通过协商一致行使；不能协商一致，又无正当理由的，任何一方不得阻止他方行使除转让以外的其他权利，但是所得收益应当合理分配给所有合作作者。

第十四条 合作作者之一死亡后，其对合作作品享有的著作权法第十条第一款第五项至第十七项规定的权利无人继承又无人受遗赠的，由其他合作作者享有。

条文解读

本条主要说明了合作作品的归属以及权利分配。值得注意的是根据著作权法实施条例第三条的规定，仅"为他人创作进行组织工作，提供咨询意见、物质条件，或者进行其他辅助工作"，不能获得合作作者身份。例如，《梁朝风云录》一书由张三编纂，李四提供史料和咨询意见，王五进行书稿录入和联系出版，则该书的著作权只属于张三。此外，对于不可分割使用的合作作品，任何一个合作作者有权提出利用，其他合作作者有权提出反对，但同时还必须提出正当、充分的理由，否则不能阻止对方进行合法利用。例如，张三和李四合作完成了一部小说，后来张三提出将小说授权给某公司改编成网络游戏，李四以该公司名气小为由拒绝，则笔者认为，这就不属于"正当理由"，则张三有权和该公司签订授权改编协议，但所得收益应合理分配一部分给李四。为了加深对本条的理解，以下从"围棋棋谱为什么不是合作作品"具体说明。

1. 棋谱受著作权法保护吗

所谓棋谱，是指用图和文字记述棋局的基本技术和开局、中局、残局招法的书和图谱，按棋种，分象棋谱、围棋谱、五子棋棋谱等。从定义不难看出，棋谱实为对对弈双方每一落棋位置的记录，多为对已经发生的比赛回合的"复盘"。例如，典型的象棋棋谱，记录了每个回合双方的出招，如"兵四进一，士 5 进 6"等。

从前文的介绍中我们可以看到，单纯的棋谱不过是对已经发生的博弈过程的客观记录，而客观事实是不受法律保护的；其次，即使从棋谱中可以反映出博弈双方的思想成果，那也属于一种智力层面的规则、方法，而著作权法只保护具有独创性的表达，任何实用性的因素，包括操作方法、技术方案和实用功能都不在著作权法的保护范围之内，这已经成为世界版权法通行的共识。

必须指出，著作权法从来不否认人类的很多思想都体现了创造之美，但是，著作权法发展到今天，单纯的思路不受保护已经人所共知。因此，棋谱中反映的棋路虽然是棋手宝贵的思考成果，但是他人在看到棋谱中记载的某个残局的棋路后在之后与别人的比赛中也走出同样的招数，本身并不构成对著作权的侵害，因为这是对"思想"（棋路）的复制。又如，如果某个人撰写了一本介绍烹调技术的书，另一个阅读后如法炮制使用这种方法开餐馆盈利，不会构成著作权侵权。

值得注意的是，很多人往往容易走入一个误区，将图书记载的思路、方法、技巧不受版权法保护，等同于将生动形象描述思路、方法、技巧的图书也排除出版权法的保护范围，而这显然是片面的。

例如，在岳某与某出版社等著作权纠纷案中，原告的《奇思妙想》《三三速记英语词汇》系列丛书及《速记王》收录了部分英语单词的汉字记忆法，如"judge"的记忆法为"大义灭亲的法官，拘（ju）捕有罪的（d）哥哥（哥哥）"，等等。而被告的图书收录的"judge"等193个英语单词的记忆法与前述图书完全相同或基本相同。法院认为，原告关于英语单词记忆法的表述构成作品，被告的行为构成著作权侵权。❶ 不难看出，就英语单词的汉字记忆法本身而言，是不受著作权法保护的方法、技巧，任何人都可以自由使用，但是，一旦将记录这些方法的书籍擅自复印、发行，同样可能侵犯他人的著作权。

同样，就单纯的棋路而言，是不受版权法保护的实用性方法和技巧，任何人都可以自由使用这种方法对弈。但是，如果他人在记录棋路之余，还配以生动形象的解说、描述，那么整本棋谱就仍然可以构成具有独创性的作品，例如棋谱如此记录，"红方的小兵试探性地过了河，黑方的马迅速从斜刺里杀了过来，红方赶紧把车从底边调了回来，吓出一身冷汗，黑方迅速观察到了局势的变化……"对于这样的棋谱，如果未经作者许可擅自复制发行，仍然构成对他人著作权的侵犯。此外，即使是不含有解说、描述的作品，如果全书都仅仅是对各种比赛棋路的汇编，但只要作者对各种棋路的编排体现了个性化的选择，则仍然可以构成汇编作品，他人未经许可复制、发行，同样构

---

❶ 崔国斌. 著作权法：原理与案例［M］. 北京：北京大学出版社，2014：64.

成著作权侵权。

2. 棋手是棋类比赛中棋谱的作者吗

笔者认为，从围棋等棋类比赛的特性上看，比赛的棋谱天生不存在作者。

首先，棋类比赛中的任何一方棋手无法成为作者。在判断作品的标准中，有一项重要的参考内容就是作品的独创性必须反映出作者的创作意图和个人印记，如果创作意图缺失或不足，即使客观上完成了某种艺术成果，也不能认为构成作品。在棋类比赛中，没有对方选手的互动，单独的一方棋手是无法完成比赛及相关棋谱的。因为比赛实际上是一场双方棋手的博弈，而这种随机性的博弈会导致没有哪一方可以按照自己事先的"意图"来"创作"出某个棋谱，因为比赛的实际情况千差万别，各种可能性层出不穷，单独的一方由于"创作意图缺失或不足"，难以认为是其独立完成了比赛以及相关的棋谱。

其次，棋类比赛同样不能被认定为双方棋手的合作作品。有人会提出这样的设想，既然单独的某个棋手不能成为作者，那么，可否认为棋类比赛以及棋谱是双方棋手合作创作的作品呢？答案同样是否定的。对合作作品而言，必须能反映出合作作者某种共同的创作意图，即合作作者对于共同创作的过程和结果有基本的掌控和大致相同的目标。然而，棋类比赛显然并不符合这一要求。不难知道，棋类比赛的双方追求的比赛结果是截然相反的，甲方的创作意图是大比分击败乙方，乙方的创作意图则是要大比分击败甲方。不难看出，双方棋手彼此对比赛的进程和结果有着截然相反的目标和追求，根本谈不上创作意义上的一致合作和结果意义上的一致追求。唯一谈得上一致的，就是他们都是在相同的比赛规则下各自追求着不同的、难以预测的比赛结果。因此，从这一角度而言，棋谱的作者同样不应被认为属于双方棋手。

[延伸思考]

典型案例：张三与李四合作创作了"乖宝宝"卡通图形，并用于双方合作开发的少儿食品的产品外包装上作为装饰图案使用。一年后，双方合作关系结束，张三未经李四同意，将"乖宝宝"卡通图形作为商品商标注册在自己名下。李四得知后遂以侵权和权属纠纷为由将张三诉至法院。

争议焦点：对于本案中李四是否具有请求权的基础，以及享有何种请求权的基础，存在三种观点。第一种观点认为，张三的行为属于合法行为，李四的侵权或权属纠纷的诉请应予驳回。这种意见认为，虽然双方共同合作创作了"乖宝宝"卡通图形，但合作内容中并未涉及共同注册商标，而注册商标要求体现出注册人的积极意志，本案中李四自始至终并未有积极的注册行为，因此不能阻止张三将卡通图形注册为商标的合理行为，故而张三的行为不构成侵权，而李四因为没有体现出积极的商标注册的意志，也不能认为其对商标的权属具有请求权的基础，因此李四无论是关于侵权还是权属纠纷的诉请都应予以驳回；第二种观点认为，李四属于商标的共同所有人，应当支持李四关于权属纠纷的诉请。这种意见认为，既然"乖宝宝"卡通图形系双方共同共有的合作作品，则基于作品基础之上申请的商标，双方也应当享有平等的权利，因此应当将注册商标认定为共同财产，判令涉案商标归两人共有。第三种观点认为，李四不属于涉案商标当然的共同所有人，但张三的行为构成对李四合法民事权益的侵犯，张三应当给予李四合理的补偿。笔者同意第三种观点，以下展开分析。

首先，张三无权擅自将共同共有的合作作品单独注册为自己名下的商标。根据我国现行著作权法的规定，两人以上合作创作的作品，著作权由合作作者共同享有。具体的权利行使方式，则因合作作品是否可以分割使用而有所不同。显然，对于本案中的"乖宝宝"卡通图形的使用，属于"不可以分割使用"的情形。对于这种情形，我国《著作权法实施条例》第九条规定，"合作作品不可以分割使用的，其著作权由各合作作者共同享有，通过协商一致行使；不能协商一致，又无正当理由的，任何一方不能阻止他方行使除转让以外的其他权利，但是所得收益应当合理分配给所有合作作者"。显然，张三擅自将共同共有的合作作品单独注册为自己名下的商标，属于一种对合作作品的使用（印制商标意味着对图形作品的"复制"，而将贴附有商标的商品出售则意味着对图形作品的"发行"，等等），但张三并未与李四进行过任何形式的协商，因此，其行为并不属于合法行使合作作品著作权的行为。

其次，李四的合法民事权益虽然受到损害，但他并非当然的涉案商标的共有权利人。前文提到，张三赖以注册为商标的图形基础，完全来自双方的合作作品，张三对商标的擅自注册、使用必然意味着对共同拥有的合作作品的权利的侵害，因为这意味着张三垄断了该图形作品在某种商品上的商标化的权利，对于共同参与创作的其他合作作者，这显然是不公平的。但是，这也绝不意味着李四就当然地成为涉案商标的共有权利人。这是因为，与一经创作就马上享有的著作权不同，注册商标专用权的获得需要权利人的积极行为和主观意志。一个主体对某个标识是否一定享有商标法上的权利，关键在于是否有积极注册的行为和意志。而主观要件在注册商标专用权的形成过程中是不可或缺的必要条件。本案中，没有事实表明李四在纠纷发生前将合作作品转化为商标的任何行为或意志，因此，在这种可能性发生前，李四并非当然的涉案商标的共有权利人，但是，如前文所述，张三的行为仍然侵犯了李四的合法的民事权益。

最后，张三应当给予李四合理的经济补偿。由于张三的行为对李四合法民事权益的侵犯，张三应当给予赔偿，可以考虑从版权商标化的获益中确定适当份额补偿给李四。当然，如果双方协商一致，也可以将商标权由张三独有重新更改注册为二人共有。

第十四条 【汇编作品】

汇编若干作品、作品的片段或者不构成作品的数据或者其他材料，对其内容的选择或者编排体现独创性的作品，为汇编作品，其著作权由汇编人享有，但行使著作权时，不得侵犯原作品的著作权。

条文解读

以下通过一个有趣的"瑜伽动作案"来说明何为汇编作品的"独创性"。瑜伽构成作品吗？武术构成作品吗？广播体操构成作品吗？对于这样的问题，人们往往需要思索再三，但是却并不能得出非常自信的答案。与之相对，远在大洋彼岸的美国则对"瑜伽动作的汇编是否构成作品"在 OSYU 案中给出了肯定的回答。

1. 美国 OSYU 案的基本情况：瑜伽动作的汇编可以构成作品

该案中，Choudhury 编排了一套名为 Bikram 的瑜伽动作（整套动作包含 26 个瑜伽体式和两个呼吸练习组成），并从 20

世纪 70 年代开始在南加州教授这个瑜伽法。在诉讼发生的前几年里，Choudhury 告知瑜伽教练们在教授 Bikram 瑜伽时必须从他那里取得许可（包含那些和 Bikram 瑜伽法"实质性相似"的套路），但他的许可并不针对那些不教授而只是修习 Bikram 瑜伽法的个人瑜伽修习者。因此，OSYU（美国的"开放资源瑜伽联合会"）提起了诉讼，主张 Choudhury 的瑜伽套路在法律上不能受版权保护。

法院认为，尽管版权法不保护事实信息或者实用性信息，但仍然允许这些材料构成的汇编作品有资格受到版权保护，只要该汇编者能够证明在汇编过程中选择和编排这些元素时具有足够水平的创造性。因此，Choudhury 仍然有正当的权利禁止对他构成汇编作品的瑜伽法进行相同或相似的模仿复制。

2. 我国的立场：为了实现实用功能的汇编成果不能构成作品

《著作权法》第十四条规定，汇编若干作品、作品的片段或者不构成作品的数据或者其他材料，对其内容的选择或者编排体现独创性的作品，为汇编作品。按照汇编对象的不同，汇编作品可以分为两类：第一类是汇编若干作品或作品片段而形成的新作品，即被汇编的对象本身就是作品，如各类期刊、小说集等。第二类是将原本不受著作权法保护的事实、数据等材料通过具有独创性的选择和编排汇集到一起，例如出版社将公有领域的历史信息按照日期分别编排组成《历史上的今天》予以出版。因此，对于类似瑜伽动作、武术动作、体操动作这样的在作品构成要件方面存在争议的肢体动作，进行独创性的选择或者汇编，形成一个完整的套路，在我国版权法下似乎也能构成符合法律定义的"汇编作品"，但是，结论恰恰是否定的。

著作权法的基本理念是"保护思想的独创性表达但不保护思想"，而特定人体动作也能反映人们的思想，例如，武术动作反映了人类进攻防御的思想，广播体操反映了人们锻炼身体的思想。但是，较之作品主要是为了满足人们的精神审美需要，这些功能性的智力成果却主要是为了满足人们的实际生活需要。由此可见，能够体现思想的智力成果未必都能构成作品，还要区分这种思想究竟是美学的思想还是实用的思想。正是为了区分这种差异，在"思想—表达二分法"原则之外，有人在著作权理论体系中引入了第二个"二分法"原则，即"实用—非实用二分法"原则，这一原则确定了这样一个标准：具有功能性、实用性的表达应纳入专利法保护，而不具有功能性和实用性的表达才能有条件地被纳入著作权法保护。这一标准不但与人们对作品的日常认识一致，而且成为世界通行的理念。

正因为这一原因，在我国的"第九套广播体操著作权案"中，一审法院指出，广播体操的肢体动作及整体编排均不构成作品，不应受到著作权法的保护。首先，广播体操是一种具有健身功能的体育运动，由屈伸、举振、转体、平衡、跳跃等一系列简单肢体动作组成，但与同样包含肢体动作的舞蹈作品不同，其并非通过动作表达思想感情，而是以肢体动作促进循环系统、呼吸系统和精神传导系统功能的改善，并未展现文学艺术之美也不展现科学之美，故不属于文学、艺术和科学领域内的智力成果；其次，从著作权思想表达二分法原则来看，广播体操是一种具有特定功能的身体练习活动，包含一系列连续的肢体动作，当这一系列动作按照规定的方式施行时，将产生既定的健身效果。因此，广播体操本质上属于一种健身方法、步骤或程序，而方法、步骤和程序均属于著作权法不保护的思想观念范畴。因此，不涉及人的思想感情和知识，不具有文学、艺术、科学审美意义的创作，无论其本身或者编排的独创性有多高，都不属于文学、艺术和科学领域内的成果。

由此可见，在我国，即使对于某些动作（瑜伽、武术、体操等）进行了富有独创性的汇编，但只要这种汇编的主要目的是为了实现某种功能（如健身、防身等），具有实用性，就不再属于作品而应当归入专利（如果满足专利的"三性"）范畴，因此不能构成汇编作品。

3. 功能性汇编成果不受版权保护不等于其衍生物不受版权保护

值得注意的是，明白了"功能性作品"不受版权保护后，很多人往往容易走入另一个误区，例如，将单纯的菜谱不受版权法保护，等同于生动形象描述菜谱的图书也排除出版权法的保护范围，而这显然是片面的。例如，"剁椒鱼头"的烹制方法（菜谱）是"1. 提前把剁椒酱做好，将辣椒去蒂后洗净，用厨房纸擦干水分；2. 将辣椒、姜 10 克、蒜 10 克剁碎，放入容器中，加入盐 3 克、豆豉 5 克、糖 3 克拌匀……6. 将鱼头取出，切面涂上蚝油，均匀地撒上味精、淀粉、精盐、料酒和白糖，鱼头反放于盘中，撒上相同的调料并涂上剁椒酱，在鱼头下垫葱姜蒜，入锅，中火蒸 20 分钟"。显然，这是不受版权法保护的实用性方法和技巧，任何人都可以自由使用这种方法炒菜。但是，如果他人将这种方法汇编入他的菜谱，并配以生动形象的说明、描述，同时加上一些高清亮丽的照片，那么整本菜谱就仍然可以构成具有独创性的汇编作品（虽然同样有实用功能，但是整本菜谱的文字描述和照片的艺术体现仍然能够传递艺术美感）。因此，对于这样的菜谱，如果擅自复制发行，仍然构成对他人著作权的侵犯。

第十五条 　【电影作品】

电影作品和以类似摄制电影的方法创作的作品的著作权由制片者享有，但编剧、导演、摄影、作词、作曲等作者享有署名权，并有权按照与制片者签订的合同获得报酬。

电影作品和以类似摄制电影的方法创作的作品中的剧本、音乐等可以单独使用的作品的作者有权单独行使其著作权。

[《著作权法实施条例》相关规定]

第十条 著作权人许可他人将其作品摄制成电影作品和以类似摄制电影的方法创作的作品的，视为已同意对其作品进行必要的改动，但是这种改动不得歪曲篡改原作品。

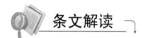 条文解读

本条用于解决影视作品的版权归属问题。常见的一个问题是：制片人可以单独使用电影中的作品元素吗？例如，电影的制片人，可以单独发行电影中的主题曲吗？

笔者认为，一般而言，只要对电影的再次利用涉及对电影中可以单独使用的作品元素的改编或利用，在没有合同约定或者授权的前提下，是不可以的。

1. 正确认识制片人的权利范围

根据著作权法的规定，电影、电视剧等影视作品的著作权归制片人所有。其含义是指视听作品作为一个整体由制片者享有，而不是指制片者在视听作品之外就可以当然获得组成其作品的所有元素（如主题曲、剧本、剧照等）的著作权。视听作品是由连续画面、剧本台词、背景音乐、主题曲等共同组成，因此，对于摄制影视剧所需的小说（剧本）、音乐、动画形象（以往的司法实践已经认可了视听作品中的动漫形象属于"可以

单独使用的作品"，例如"曲建方诉北京阿凡提公司案"等"可以单独使用"的组成元素，相应的作者有独立维权的法律资格。举例而言，如果他人未经许可在其广告中使用某一电影片段，则制片方有权提起诉讼，而与画面有关的基础作品的作者（如画面背景音乐的作曲者）则无此资格；如果他人未经许可在商业广告中仅使用某一电影的主题曲，则相应的作曲者有权提起侵权诉讼，而制片方则并不适格。原因在于，对于剧本、音乐等可以单独使用的作品而言，事实上包含着两种属性：既是视听作品的有机组成元素，又是视听作品之外的独立作品。换言之，由于视听作品构成的复合性，包含众多权利主体，为了规范、简化权利归属，我国著作权法规定视听作品的全部著作权在整体上属于制片人，而其他参与者（包括摄影、灯光、编剧、配乐、演员等）只能通过合同的方式取得报酬，即在同一视听作品的范围内将相应智力成果的版权让渡给了制片人，但是，对于视听作品组成元素中那些"可以单独使用"的作品，在影视剧之外，仍然可以自由使用（除非合同另有约定）。因此，制片人虽然可以在电影中使用主题曲，但如无合同约定就不能在电影之外擅自许可他人复制、发行该曲。

2. 对于视听作品中可以独立使用的作品，制片人在电影之外不能任意利用、改编

视听作品制片人对其作品的控制范围，仅限于整体意义上的作品，这意味着其不可以单独地控制其作品中的每个部分，更不可以在后续演绎过程中对构成元素擅自进行改编。《伯尔尼

公约》第十四条之一第（二）款明确规定，要将由文学或艺术作品派生而来的电影作品改编为其他任何艺术形式，除了要经过电影作品作者的许可之外，还要经过原作品作者的许可。该规定说明《伯尔尼公约》认为根据小说、戏剧等原作品拍摄而成的电影之上是存在"双重权利"的。因此，按照《伯尔尼公约》的精神，对影视剧的改编（尤其是对作品元素如音乐、剧本、动画形象的明显改编）需要同时经过原作品著作权人和影视作品著作权人的许可，同样遵守一般演绎作品再次演绎需要获得"双重许可"的规则。

视听作品制片人对其作品的控制范围，仅限于作为一个整体意义上的"视听作品"，并不意味着可以单独地控制其作品中的每个部分。例如，琼瑶授权某电视台将其小说作为剧本改编成连续剧，这个电视台拍摄完成后取得连续剧的版权，但这不意味着它在连续剧之外可以左右相关小说的著作权利。这是因为，根据我国著作权法的规定，电影作品和以类似摄制电影的方法创作的作品、摄影作品，其发表权和诸项财产权的保护期为作品首次发表后的五十年，与之相对，构成电影的音乐作品、文字作品等基础作品的发表权和诸项财产权的保护期为作者终生及其死亡后五十年。不难看出，从保护期限而言，著作权法对音乐、文字等作品的保护要明显强于视听作品。从作品性质而言，音乐、文学等作品大多属于原生性作品和独立创作作品，而视听作品大多属于特殊的演绎作品和合作创作的作品。因此，如果认为视听作品之外制片人还可以控制"可以单独使用"的作品，就会出现一个悖论，制片人在其视听作品进入公有领域后还可利用对电影组成元素的"控制"变相延长对其视听作品的保护，使得公众仍然不能自由利用，实质上是不适当地扩大了制片人的权利，变相延长其视听作品的权利期间，同时也构成对相应基础作品作者的侵害。

3. 订立合同规避法律风险才是王道

不难看出，在目前的法律框架下，视听作品的制片人不能任性地出版发行其作品中出现的音乐作品等可以单独使用的作品，否则有面临侵权指控之虞，而参与视听作品拍摄的人员如果没有相关的权利意识也会在卷入相应纠纷后才会发现良好的事前约定是多么必要。因此，在拍摄视听作品前，与制作方就作品中可以单独使用的作品的使用范围、使用方式进行详细约定，并不是多余之举。制片方免于侵权之控，权利人再无受损之虞，订立合同规避风险，这才是双方的共赢之道。

第十六条 【职务作品】

公民为完成法人或者其他组织工作任务所创作的作品是职务作品，除本条第二款的规定以外，著作权由作者享有，但法人或者其他组织有权在其业务范围内优先使用。作品完成两年内，未经单位同意，作者不得许可第三人以与单位使用的相同方式使用该作品。

有下列情形之一的职务作品，作者享有署名权，著作权的其他权利由法人或者其他组织享有，法人或者其他组织可以给予作者奖励：

（一）主要是利用法人或者其他组织的物质技术条件创作，并由法人或者其他组织承担责任的工程设计图、产品设计图、地图、计算机软件等职务作品；

（二）法律、行政法规规定或者合同约定著作权由法人或者其他组织享有的职务作品。

[《著作权法实施条例》相关规定]

第十一条 著作权法第十六条第一款关于职务作品的规定中的"工作任务"，是指公民在该法人或者该组织中应当履行的职责。

著作权法第十六条第二款关于职务作品的规定中的"物质技术条件"，是指该法人或者该组织为公民完成创作专门提供的资金、设备或者资料。

第十二条 职务作品完成两年内，经单位同意，作者许可第三人以与单位使用的相同方式使用作品所获报酬，由作者与单位按约定的比例分配。

作品完成两年的期限，自作者向单位交付作品之日起计算。

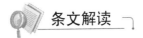

条文解读

本条需要注意的是不管是一般职务作品还是特殊职务作品，实际执笔的作者仍然享有"署名权"。这是职务作品和法人作品最显著的区别之一。第一款中所谓的"不得许可第三人以与单位使用的相同方式使用该作品"中的"相同方式"，可以理解为一种产生竞争性影响的使用。

判定职务作品需要掌握三个条件：作者与所在工作机构具有劳动关系；创作的作品属于作者职责范畴；对作品的使用属于单位正常工作范围之内。❶

第十七条 【委托作品】

受委托创作的作品，著作权的归属由委托人和受托人通过合同约定。合同未作明确约定或者没有订立合同的，著作权属于受托人。

---

❶ 刘春田. 知识产权法［M］. 2 版. 北京：高等教育出版社，北京：北京大学出版社，2005：85.

条文解读

本条从内容上不难理解，但在实践中经常会碰到合同未作约定或者约定不明的情况。

所谓委托作品，是指受托人根据委托人的委托而创作的作品。例如，新婚夫妇去影楼拍摄结婚纪念照，就是典型的委托摄影师为其创作摄影作品。按照《著作权法》第十七条规定，尽管委托创作作品的著作权在没有约定时不属于委托人，但相关的司法解释赋予了委托人一定范围内的使用权。《最高人民法院关于审理著作权民事纠纷案件适用法律若干问题的解释》（以下简称《著作权司法解释》）第十二条对此进行了补充，规定"按照著作权法第十七条规定委托作品的著作权属于受托人的情形，委托人在约定的使用范围内享有使用作品的权利，双方没有约定使用作品的范围的，委托人可以在委托创作的特定目的范围内免费使用该作品"。

可以看出，《著作权法》第十七条的规定明显有利于受托人，这导致约定不明时委托人对作品的使用方面可能失去公平，为了矫正，《著作权司法解释》第十二条赋予了委托人对作品的使用权，同样，为了防止矫枉过正和在权利分配后实现新的平衡，《著作权司法解释》第十二条规定了 2 个限制条件：（1）使用限定于约定的使用范围；（2）未约定使用范围的，使用限定于委托创作的特定目的范围内。实践中，由于委托创作双方缺乏应有的法律意识而往往没有订立书面合同，或者虽然订立书面合同而有所疏漏，"未约定使用范围"的情形更为常见，一旦引发纠纷诉诸法院，何为"委托创作的特定目的"，就成为法官首先面对的一个民法解释问题。

根据现有的法律设计，约定不明时著作权被推定归属于受托人，而为了平衡，又通过司法解释的形式赋予委托人在适当范围内可以使用委托作品的权利，实际上是为委托人设定了一种拟制的"合理使用"或者"法定许可"的使用权。但是，这种使用，不能超出必要、合理的范围，换言之，著作权的各项权能应当最大可能被保留在权利人的手中。❶ 正如德国版权法学者所言，"在作者著作权的各种合同约定不明的情况下，除了实现该使用合同目的所必要的权利外，并不发生其他权利的使用许可"。❷ 因此，对于"委托创作的特定目的"应当采取严格解释的司法立场。那么，具体应当如何操作呢？有学者为此提出了"合理范围标准"，即委托人可以在合理范围内使用委托作品，所谓的合理范围是指，双方在委托创作的过程中所能预料到的基于作品的属性和通常的委托创作目的的正常使用范围。❸ 试举两例说明。

例一：一方委托另一方为自己设计商标标识，虽然双方并

---

❶ 许辉猛. 委托作品使用权研究［J］. 河南商业高等专科学校学报, 2010（1）.

❷ M. 雷炳德. 著作权法［M］. 张恩民, 译. 北京：法律出版社, 2005：375.

❸ 梁作民, 曹波. 对委托作品著作权的分析——评一起广告宣传品的著作权纠纷案［J］. 知识产权, 2002（2）.

未就创作完成后标识的著作权归属作出明确约定，但应当推定受托人已经同意委托人将该标识注册为商标，或者在其商品、服务上使用。换言之，受托人不得以侵犯自己的著作权为由阻止委托人使用该标识作为商标销售商品。❶

例二：一位年轻女士委托照相馆拍摄一组艺术照，但未说明照片用途，双方也未就创作完成后照片的著作权归属作出明确约定，则艺术照的著作权归属于照相馆，而女士可以将照片用于个人欣赏、赠送男友等可以预想的个人用途，但是，当她用于商业用途时（如用于制作商业广告），却必须征得照相馆的同意并支付合理费用，因为，此时已经超出了普通人能够预料到的委托创作的目的。正因为这一原因，我国国家版权局在《关于对影楼拍摄的照片有无著作权的答复》中提出，在没有协议的情况下，顾客欲营利性地使用照片，应事先取得影楼许可；在没有协议但有理由认为影楼知晓顾客欲营利性使用照片而不提出异议的情况下，顾客有权营利性使用，但应当向影楼支付报酬。❷ 事实上，关于这种情形，国外有具体规定，例如，《意大利著作权法》第九十八条规定，如无相反规定，委托他人拍摄肖像照片的可以不经摄影师的许可发表、复制或授权他人复

---

❶ 李明德，管育鹰，唐广良.《著作权法》专家建议稿说明［M］. 北京：法律出版社，2012：238.

❷ 国权办〔1997〕12 号。梅术文. 著作权法：原理、规范和实例［M］. 北京：知识产权出版社，2014：147.

制作品，但对肖像照片进行商业性复制时应向摄影师支付合理报酬。❶

上述两例说明，对"委托创作的特定目的"的解释或者推定，需要法官拟制一个普通人的假想主体，这个主体明悉通常的交易习惯和生活知识，正常而善意。值得强调的是，如同在影楼一例中所提出的那样，如果在委托创作过程中受托人已经明确知晓委托人委托创作的具体目的并且未提出异议，就应当视为没有超出"委托创作的特定目的"。例如，在王某诉六面体公司一案中，法院指出，从涉案照片的拍摄内容看，这些照片的创作意图是推广宣传被告经营的服饰商品，而从全案可以明确推知原告在接受委托时知悉这些照片的目的是宣传被告的服饰商品，因此被告使用照片用于宣传服饰的使用行为属于在委托的创作的特定目的的范围内行使，无需取得原告同意或另行支付费用。

除了上述区分标准外，笔者认为，还可以结合考虑使用方式是否构成对作品权利人的"竞争性使用"作为辅助判断方法，如果构成，可以认为超越了"委托创作的特定目的"。所谓"竞争性使用"，就是指除明显合理的使用外，其他使用是否产生了商业竞争意义上的"替代作用"。换言之，如果使用委托作品的结果是替代了原作品，就不是符合"特定目的"的使用。具体来说，"替代作用"是指因为使用委托作品，导致对受托人的作

---

❶ 王迁. 知识产权法教程［M］. 2版. 北京：中国人民大学出版社，2009：180.

品形成市场竞争，最终导致受托人作品的市场销售量下降和利润减少，造成作品实际价值的不合理地减损。

第十八条　【作品原件】

美术等作品原件所有权的转移，不视为作品著作权的转移，但美术作品原件的展览权由原件所有人享有。

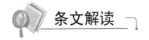 条文解读

据报道，2015 年 11 月，美国纽约苏富比拍卖会惊现疯狂一幕：美国抽象艺术大师汤伯利的作品《黑板》创下 7053 万美元（约合 4.5 亿元）之天价，同时也打破了作者个人拍卖的最高纪录。然而，这幅价值连城的作品在形式上却令人无比震惊：表现为在黑板上连续的 6 行圈圈，就像小朋友的涂鸦一样，有网友因此惊呼天价涂鸦"简直是抢钱"。

看到这则新闻和这幅画，首先涌上人们心头的可能是这样一种想法，这幅画可以卖出约 1.7 吨黄金的价格，充分证明了知识产权的胜利。然而，令人深思的是，这些艺术原件能拍出天价是因为著作权吗？换言之，人们花高价买的艺术作品原件，和著作权有关系吗？笔者认为，答案是否定的。

作品原件是作者的创作第一次与载体发生结合时所形成的物质形式。例如承载徐悲鸿奔马图原画的画布，承载书法真迹的卷轴等。艺术家在完成作品原件时，实际上同时完成了两个过程：在著作权方面，他将一种无形的思想通过原件这种载体进行了有形表达；在物权方面，他通过亲手将创作的作品与初始载体进行结合从而赋予了原件远远超出原件材料本身的物的价值。对于具体的作品而言，每个作品对应的原件具有唯一性。作品原件既是承载作品著作权的载体，同时又是承载作品物权的载体，具有"一体两权"的特性。换言之，作品原件的价值包含着表现作者思想表达的知识产权的价值以及原件作为物所具有的价值。值得注意的是，必须区分清楚物的唯一性和作品载体的唯一性。作品原件的唯一性是相对于物而言，这种唯一性正是其作为物具有很大价值的原因所在。但是，作品原件作为作品的载体却并不具有唯一性。在现代社会，由于各种影像技术的发展，制作作品原件各种形式的复制件非常容易，所以作品存在于原件和各种形式的众多复制件之上。从物的价值而言，作品原件无疑要远远超出复制件，有些作品原件甚至价值连城，具有重大的历史意义和艺术价值；但是作为作品载体，作品原件和别的复制件却并没有什么不同，因为从表现作者的创作内容来看，复制件发挥了与作品原件同样的功能。原因在于，第一，作品的一个重要特征是可复制性，换言之，作品必须能够从原件到复制件上进行作品意义上的完全转移并且在效果上不发生减损，这种复制必须至少在表现效果上是完全相同的，否则就在作品构成要件上存在缺陷；第二，著作权作为一种抽象存在的无体财产权并不完全需要通过作品物质载体才能实现，著作权保护的对象是一种创造性的智力成果，虽然作品的存在和传播要依赖于物质载体，但是著作权本身却是一种无体的存在，著作权和作品载体本身可以相互分离。❶ 比如，艺术玉雕"大禹治水"，作为作品，不是那块玉，而是玉上反映出的大禹造型与山川造型；徐悲鸿的"群马

---

❶ 阳平. 论侵害知识产权的民事责任：从知识产权特征出发的研究 ［M］. 北京：中国人民大学出版社，2005：92.

图",作为作品,不是那张画纸,而是纸上所载的群马造型。❶所以,由于著作权具有非物质性这一特点,决定了著作权的存在、转移和灭失,在通常情况下并不与作品载体(包括作品原件)发生必然联系。❷

作品原件由于唯一性而产生了市场供应稀缺的结果,供不应求又导致了作品原件的价格攀升,可见,作品原件的唯一性是原件价格存在升值原因的关键因素。从前文的分析可以看到,追根溯源,作品原件的唯一性是本身意义上的唯一性而非作品载体意义上的唯一性,正是这种差异导致了承载同样作品的原件和复制件在市场价格上存在天壤之别。一张宣纸,机械地复制了张大千的一幅画作,除了使这张宣纸承载作品之外,在物的价值上增加的部分非常有限;同样一张宣纸,如果经张大千亲手完成同样一幅画作后,除了使这张宣纸承载相同作品之外,基于前文提到的"双重创造行为",他使这幅画作在物的价值上遽然飙升。

通过以上作品原件与复制件的比较不难看出,二者的价值悬殊主要在于物的价值,而与所承载的作品的知识产权关系不大。一个很简单的例证就是,同样承载着作者著作权的复制件,在多年后作品原件的价格翻天覆地时,复制件的价格却并没有

---

❶ 郑成思. 著名版权案例评析 [M]. 北京:专利文献出版社,1990:138.

❷ 杨明. 知识产权请求权研究——兼以反不正当竞争为考察对象 [M]. 北京:北京大学出版社,2005:95.

发生显著变化。从这个角度上来看，就著作权载体而言，作品原件只不过是众多载体中的一种形式，虽然有价值上的特殊性，但是这种特殊性是来自物的唯一性而不是作品的唯一性。换言之，美术作品原件作为物而言具有唯一性，这种稀缺性正是其作为物具有很大价值的原因所在。

总之，艺术作品原件拍出天价，主要原因是原件本身的物权，而不是其上所承载的知识产权，否则就无法解释为何同样的复制品被视为"赝品"而无人问津。明白了这一道理，我们也就明白，此前公布的"著作权法草案送审稿"中所涉及的针对艺术品原件交易增值的"追续权"，在本质上并不是著作财产权，而是一种人格化的物权。

第十九条 【权利继承】

著作权属于公民的，公民死亡后，其本法第十条第一款第（五）项至第（十七）项规定的权利在本法规定的保护期内，依照继承法的规定转移。

著作权属于法人或者其他组织的，法人或者其他组织变更、终止后，其本法第十条第一款第（五）项至第（十七）项规定的权利在本法规定的保护期内，由承受其权利义务的法人或者其他组织享有；没有承受其权利义务的法人或者其他组织的，由国家享有。

[《著作权法实施条例》相关规定]

第十五条 作者死亡后，其著作权中的署名权、修改权和保护作品完整权由作者的继承人或者受遗赠人保护。

著作权无人继承又无人受遗赠的，其署名权、修改权和保护作品完整权由著作权行政管理部门保护。

第十六条 国家享有著作权的作品的使用，由国务院著作权行政管理部门管理。

第十七条 作者生前未发表的作品，如果作者未明确表示不发表，作者死亡后50年内，其发表权可由继承人或者受遗赠人行使；没有继承人又无人受遗赠的，由作品原件的所有人行使。

条文解读

本条主要设定了著作权的继承问题。以下以"圆明园是否受著作权法保护"为例进行说明。

发起于 2006 年、动工于 2008 年，位于浙江横店的圆明新园于 2015 年 5 月正式对外开放，该园按照 1：1 比例复制北京圆明园 95％ 的建筑群。历经 9 年时间，耗资 300 亿元筹建的圆明新园不仅备受国内各界人士的关注，围绕着该园的著作权问题也是争议不断。那么，北京的圆明园，受现行著作权法保护吗？

反对圆明园受著作权法保护（"反对论"）的论者认为，即使圆明园构成现行著作权法中的美术作品或者建筑作品，但由于年代久远，根据我国《著作权法》第六十条和我国已经签署的《伯尔尼条约》第十八条的规定，著作权相关法律仅保护尚未超过保护期限的作品，而无论圆明园是自然人作品还是法人作品，都早已过期，圆明园作为作品早已和《红楼梦》一样进入公有领域，任何民事主体都可以自由复制、使用。

赞同圆明园受著作权法保护（"赞同论"）的论者则针锋相对地指出，根据我国著作权法的规定，著作权包括著作人身权和著作财产权，其中，著作财产权与发表权的保护期为作者终生及死后五十年（作者身份不明的作品，其著作权中的财产性权利保护期限截止于作品首次发表后的第五十年）。法人或者其他组织享有著作权的作品，其著作财产权与发表权的保护期为五十年，截止于作品首次发表后第五十年（但作品自创作完成后五十年内未发表的，著作权法不再保护）。但是，对于著作权中的部分著作人身权（署名权、修改权、保护作品完整权）而言，根据法律规定不受期限限制，当发生侵权时根据不同情况可以由作者本人、其继承人、受遗赠人或者国家著作权行政管理部门负责维权。

笔者认为，等比例复制圆明园的行为并未违反现行著作权法，因此不同意"赞同论"；但是"反对论"没有关注不受期限限制的著作人身权，因此也不能完全认同其理由。

第一，圆明园本身可以构成作品。《著作权法实施条例》第二条规定，作品是指"指文学、艺术和科学领域内具有独创性并能以某种有形形式复制的智力成果"。其中第四条规定，建筑作品是指"以建筑物或者构筑物形式表现的具有审美意义的作品"。显然，圆明园作为清代皇家园林的优秀代表，具有极大的审美价值和艺术表现力，因此完全符合建筑作品的构成要件。

第二，圆明园作为作品其著作财产权已经过期。前文已经论及，著作财产权是有法定期限的。如果圆明园是法人作品，则其保护期限截止于1910年（圆明园毁于1860年，因此其主要部分建成于1860年之前，而且建成之日可以视为发表之日，则作品首次发表之日后第50年为1910年之前）；如果圆明园是自然人作品，假定设计师在圆明园建成时年龄为25岁，则圆明园到2015年为止仍要受到保护的条件是这个建筑师可以活到1965年，而这就意味着其寿命至少在130年以上，从公开的报道来看，似乎并不存在一位如此长寿的圆明园设计师。

第三，圆明园的著作人身权中的署名权、修改权、保护作品完整权虽然不受期限限制，但等比例复制圆明园并不侵犯其著作权。

（1）等比例复制圆明园未侵犯署名权、修改权、保护作品完整权。

所谓署名权，是指表明作者身份的权利，作者有权在作品上署名、署化名或者不署名。对于圆明园而言，其作者身份不明，如果在原作上并未有明显署名，那么等比例复制时即使没有署名，也不构成对署名权的侵犯。所谓修改权或者保护作品完整权，着眼点在于防止原作品被丑化、歪曲，而等比例忠实复制原作，并不存在这个问题。

（2）认定等比例复制行为侵犯著作权不符合著作权的立法宗旨。

著作权的宗旨在于鼓励创新和促进优秀文化成果传播，如果肯定圆明园这类文物古迹受到无期限的保护，则宋代、唐代甚至更远的文物，都可以纳入作品范围。在著作人身权上受到国家永远的保护，这不但会令公众大吃一惊，而且会给相应的文化生活带来极大不便，人们甚至会为了拍摄一部唐代电视剧复原宫殿造型而不断向相关部门提出申请，这无疑会大大增加相关文化产业的成本。同样，对一些已经进入公有领域的文化遗产，如《红楼梦》《唐诗》《宋词》，如果根据著作人身权仍然存续不允许公众随意续写、节选、改编、演绎，就会影响相应文化遗产的继承、传播和发展。因此，对于不是明显的对传统文化遗产的丑化或者歪曲（如用《金瓶梅》的笔法重新改编《红楼梦》并出版传播），国家即使负有保护作者著作人身权的使命，也不应轻易干预。

（3）有权主张相关权利的主体身份要受到严格限制。

《著作权法实施条例》第十五条规定："作者死亡后，其著作权中的署名权、修改权和保护作品完整权由作者的继承人或者受遗赠人保护。"著作权无人继承又无人受遗赠的，其署名权、修改权和保护作品完整权由著作权行政管理部门保护。对于自然人而言，其继承人包括：配偶、子女、父母、兄弟姐妹、祖父母与外祖父母；孙子女与外孙子女；有抚养关系的继父母与继子女；丧偶的儿媳与公婆、女婿与岳父母之间存在着抚养关系的人。换言之，曹雪芹的后人如果在今天起诉他人侵犯《红楼梦》的著作人身权（如修改权），是没有诉权的，因为其已经过了三代，不属于原作者继承人的范围。对于著作权无人继承又无人受遗赠的，其署名权、修改权和保护作品完整权由著作权行政管理部门保护，但是，对于他人如何向著作权行政部门申请获得授权从而对过期作品进行修改以及如何支付费用、支付多少费用，如果擅自修改过期作品承担什么样的责任，目前的法律都没有做出细化规定，事实上没有规范可以具体参照，而在典型的大陆法系（德国）和英美法系国家（美国）中，著作人身权都是有合理期限的。在此，笔者也建议借著作权法修订之机在修订后的著作权法中对著作人身权的期限予以进一步明确。

第四，等比例复制圆明园并不违反《保护世界文化和自然遗产公约》。有论者指出，即使等比例复制圆明园没有侵犯著作权，但由于圆明园属于世界文化遗产，因此其行为涉嫌违反《保护世界文化和自然遗产公约》，并举出了山寨金字塔遭到埃及政府投诉的例子。笔者认为，浏览相关条约可以发现，条约内容主要是着眼于文化或自然遗产本身的物理性保护，对于禁止仿制的事项，却并未涉及，因此难以断言等比例复制圆明园违反了《保护世界文化和自然遗产公约》。

第五，等比例复制圆明园可能需要履行一定的文物复制行政报批手续。文物是人类在历史发展过程中遗留下来的遗物、遗迹，圆明园符合文物定义。国家文物局在 1998 年 6 月 18 日在颁布的《文物复制暂行管理办法》明确规定："文物复制应履行严格的报批手续，未经批准不得进行文物复制。文物收藏或保管单位应与文物复制单位签订文物复制合同，明确各自的权利义务"。"一级文物的复制，经省、自治区、直辖市文物行政管理部门审核后，报国家文物局批准。"因此，圆明园如果被认定为特定等级的文物，则对其复制，可能仍然需要根据规定进行行政审批。

第二十条　【著作人格权期限】

作者的署名权、修改权、保护作品完整权的保护期不受限制。

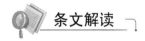 条文解读

本条值得注意的地方在于这三种著作人格权比普通人格权

的保护时间长。此外发表权虽然也是著作人格权，但适用下一条。

第二十一条 【著作财产权期限】

公民的作品，其发表权、本法第十条第一款第（五）项至第（十七）项规定的权利的保护期为作者终生及其死亡后五十年，截止于作者死亡后第五十年的 12 月 31 日；如果是合作作品，截止于最后死亡的作者死亡后第五十年的 12 月 31 日。

法人或者其他组织的作品、著作权（署名权除外）由法人或者其他组织享有的职务作品，其发表权、本法第十条第一款第（五）项至第（十七）项规定的权利的保护期为五十年，截止于作品首次发表后第五十年的 12 月 31 日，但作品自创作完成后五十年内未发表的，本法不再保护。

电影作品和以类似摄制电影的方法创作的作品、摄影作品，其发表权、本法第十条第一款第（五）项至第（十七）项规定的权利的保护期为五十年，截止于作品首次发表后第五十年的 12 月 31 日，但作品自创作完成后五十年内未发表的，本法不再保护。

[《著作权法实施条例》相关规定]

第十八条　作者身份不明的作品，其著作权法第十条第一款第五项至第十七项规定的权利的保护期截止于作品首次发表后第 50 年的 12 月 31 日。作者身份确定后，适用著作权法第二十一条的规定。

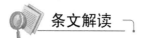

条文解读

本条规定的主要是著作财产权的保护期限。值得注意的是各种主体和特别类型作品的保护期限的起算时间，包括两种类型：作品完成时起算；作品首次发表时起算。

第二十二条　【合理使用】

在下列情况下使用作品，可以不经著作权人许可，不向其支付报酬，但应当指明作者姓名、作品名称，并且不得侵犯著作权人依照本法享有的其他权利：

（一）为个人学习、研究或者欣赏，使用他人已经发表的作品；

（二）为介绍、评论某一作品或者说明某一问题，在作品中适当引用他人已经发表的作品；

（三）为报道时事新闻，在报纸、期刊、广播电台、电视台等媒体中不可避免地再现或者引用已经发表的作品；

（四）报纸、期刊、广播电台、电视台等媒体刊登或者播放其他报纸、期刊、广播电台、电视台等媒体已经发表的关于政治、经济、宗教问题的时事性文章，但作者声明不许刊登、播放的除外；

（五）报纸、期刊、广播电台、电视台等媒体刊登或者播放在公众集会上发表的讲话，但作者声明不许刊登、播放的除外；

（六）为学校课堂教学或者科学研究，翻译或者少量复制已经发表的作品，供教学或者科研人员使用，但不得出版发行；

（七）国家机关为执行公务在合理范围内使用已经发表的作品；

（八）图书馆、档案馆、纪念馆、博物馆、美术馆等为陈列或者保存版本的需要，复制本馆收藏的作品；

（九）免费表演已经发表的作品，该表演未向公众收取费用，也未向表演者支付报酬；

（十）对设置或者陈列在室外公共场所的艺术作品进行临摹、绘画、摄影、录像；

（十一）将中国公民、法人或者其他组织已经发表的以汉语言文字创作的作品翻译成少数民族语言文字作品在国内出版发行；

（十二）将已经发表的作品改成盲文出版。

前款规定适用于对出版者、表演者、录音录像制作者、广播电台、电视台的权利的限制。

[《著作权法实施条例》相关规定]

第十九条　使用他人作品的，应当指明作者姓名、作品名称；但是，当事人另有约定或者由于作品使用方式的特性无法指明的除外。

第二十条　著作权法所称已经发表的作品，是指著作权人自行或者许可他人公之于众的作品。

第二十一条　依照著作权法有关规定，使用可以不经著作权人许可的已经发表的作品的，不得影响该作品的正常使用，也不得不合理地损害著作权人的合法利益。

条文解读

本条是版权侵权诉讼中被告的常用抗辩依据。以下逐条说明。

一、为个人学习、研究或者欣赏，使用他人已经发表的作品

2014年6月国务院法制办公室公布了《中华人民共和国著作权法（修订草案送审稿）》，其中，对于"合理使用"制度的修改较为显著，主要表现在以下五个方面：第一，对于"为

个人学习、研究，复制他人已经发表的作品"的情形，增加了只能复制作品"片段"的限制；第二，对于"为介绍、评论某一作品或者说明某一问题，在作品中适当引用他人已经发表的作品"的情形，增加了"引用部分不得构成引用人作品的主要或者实质部分"的限制；第三，对于"免费表演已经发表的作品"的情形，增加了"未以其他方式获得经济利益"的限制；第四，对于"设置或者陈列在室外公共场所的艺术作品进行临摹、绘画、摄影、录像并复制、发行以及向公众传播"的情形，增加了"不得以该艺术作品的相同方式复制、陈列以及公开传播"的限制；第五，专门在第二款规定了"合理使用"的兜底性、原则性的判定标准，即"不得影响作品的正常使用，也不得不合理地损害著作权人的合法利益"。不难看出，此次草案送审稿对于"合理使用"的修改，突出了对合理使用条件的完善和对著作权人的进一步保护。

合理使用制度，肇始于英国判例法。1841 年的 Folsom v. Marsh 一案中，美国法官 Joseph Story 在美国历史上第一次将英国判例法中关于合理使用的规则创造性地运用于该案并作了系统化的说明，对其他各国著作权立法产生了深远的影响。判断合理使用的条件，《伯尔尼公约》《与贸易有关的知识产权协议》和《世界知识产权组织版权条约》规定了原则性的"三步检验标准"，即"只能在特定情形下作出""与作品的正常利用不相冲突"以及"不得无理损害权利人合法权益"。

我国现行的著作权合理使用制度，存在对著作权人保护不足的缺陷。例如，根据国际上的"合理使用"标准，对他人作品的"合理使用"包括两个方面的限制：第一，复制数量上的限制，即对他人作品的复制份数不能超出"少量"的范畴。第二，复制范围上的限制，即不能整本复制。在德国或英国，全本复印图书是法律不允许的，个人无论出于何种目的，也只能合理使用其中的极小的一部分。相比之下，我国以往的司法实践认为，"少量复制"针对的是整个作品被使用的份数，而不是所用部分占整个作品份额的多少，"少量复制"并不排除整本全文复制。正因为这一点，使得我国与西方国家在司法实践中出现了重大分歧，也正因为这一点，使得很多出版者的权益救济在现有法律框架下遭遇窘境。例如，根据现有的规定，仅从字面上来看，以"个人学习、研究，复制他人已经发表的作品"为目的整本复制一本价值不菲的教材是合法的，而复印的成本往往不到教材本身价格的四分之一，这导致很多学生不再购买正版教材，很多高校附近的复印店生意红火，每天能够接到几十本甚至上百本的整本图书复印业务，许多出版社感到自己的权益受到损害，但又感到在目前法律规定的合理使用制度下，无法追究复印者的责任。

显然，新的著作权法草案通过修改弥补了这一缺陷，通过对不同情形施加"片段""主要或实质部分""不得以相同方式复制、陈列以及公开传播"的限制，达到防止"影响作品的正常使用"和"不合理地损害著作权人的合法利益"的根本目的。不难看出，"不得影响作品的正常使用，也不得不合理地损害著作权人的合法利益"正是对于合理使用"三步检验法"精神的贯彻。根据这一精神，不论使用的目的是否为营利，只要影响了被使用作品的潜在市场，这种使用就是不合理的。例如，对于"为个人学习、研究，复制他人已经发表的作品"的情形，不能以整本复制来代替对他人作品的购买；对于"为介绍、评论某一作品或者说明某一问题，在作品中适当引用他人已经发表的作品"的情形，引用行为不允许完全或主要以他人作品代替自己的创作，"引用"的目的应当限于"介绍、评论、说明"，而不是单纯地向读者展示被引用的作品本身，导致新作品与原作品在市场上形成竞争；对于"设置或者陈列在室外公共场所的艺术作品进行临摹、绘画、摄影、录像并复制、发行以及向公众传播"的情形，不得进行影响版权作品的潜在市场的商业性使用，例如，对于室外公共场所的雕塑进行"立体到平面"的拍摄或临摹后，根据照片或绘画重新制作完全相同的三维艺术作品等。

二、为介绍、评论某一作品或者说明某一问题，在作品中适当引用他人已经发表的作品

在影视作品中，出于情节摄制和拍摄需要，会不可避免大量出现他人的作品。例如，为了展现主人公的文化修养而在其卧室墙壁闪现名家字画、艺术雕塑等。对这些作品的使用，如果不分青红皂白一律视为侵权，就会对影视创作带来极大的阻碍。基于这一考虑，国外出现了"附带使用"制度（属于作品

合理使用的一种形式），具体而言，为拍摄影视作品而不可避免地会在影片中出现各种作品形象，只要这些出现是服务于剧情需要的"一带而过"式的自然使用，就不宜被认定为构成侵权。❶ 由于我国著作权法对"合理使用"采取有限列举的形式（仅仅列举了 12 种具体情形），没有一般性的判定原则，也没有兜底条款，这使得包括"附带使用"在内的很多国际通行的"合理使用"方式不在其中。为了解决这一问题，实践中影视作品的制片人常常诉诸"适当引用"条款进行抗辩。下面的上海美术电影制片厂（以下简称"美影厂"）与浙江新影年代文化传播有限公司（以下简称"新影年代公司"）、华谊兄弟上海影院管理有限公司（以下简称"华谊兄弟公司"）著作权侵权纠纷一案，就非常具有代表性。

1. 案情介绍

2014 年 2 月，由新影年代公司投资制作的电影《80 后的独立宣言》正式上映。为了电影的宣传造势，新影年代公司制作了一张宣传海报，海报上方三分之二的篇幅中突出部分为男女主角人物形象及主演姓名，背景则零散分布着诸多美术形象，包括"葫芦娃"和"黑猫警长"的卡通形象以及黑白电视机、缝纫机、二八式自行车、铁皮青蛙、陀螺、弹珠等具有年代感的标志性物品，其中"葫芦娃"和"黑猫警长"分别居于男女

---

❶ 朱理. 附带使用——著作权合理使用的一种特殊形式 [J]. 电子知识产权，2005（4）.

主角的左右两侧。诸多背景图案与男女主角形象相较，比例显著较小，"葫芦娃"和"黑猫警长"的卡通形象与其他背景图案大小基本相同。海报下方三分之一的部分为突出的电影名称《80后的独立宣言》以及制片方、摄制公司和演职人员信息等，并标注有"2014.2.21温情巨献"字样。

美影厂发现该海报后认为，新影年代公司等未经许可，使用"葫芦娃"和"黑猫警长"角色形象美术作品，构成对其著作权的侵犯。遂故诉至法院，请求判令新影年代公司和华谊兄弟连带赔偿美影厂经济损失及维权费用合计人民币53万余元。

一审法院认为，新影年代公司使用被引用作品是为了说明涉案电影主角的年龄特征。另外，从被引用作品占整个作品的比例来看，"葫芦娃""黑猫警长"两个形象与其他二十余个表明"80后"时代特征的元素均作为背景使用，占海报面积较小，且比例大致相同，"葫芦娃""黑猫警长"的形象并未突出显示，被引用作品属于辅助、配角、从属的地位。因此，一审法院认为属于适当引用，据此判决驳回美影厂的诉讼请求。一审判决后，美影厂不服，向上海知识产权法院提起上诉。上海知产法院认为，合理使用的审查认定并不以被引用作品在新作品中的引用"是否必需"为限制。"葫芦娃""黑猫警长"美术作品被引用在电影海报中具有了新的价值、意义和功能，其原有的艺术价值功能发生了转换，而且转换性程度较高，属于我国著作权法规定的"为了说明某一问题"的情形。涉案电影海报中作为背景图案引用"葫芦娃""黑猫警长"美术作品不会产生替代性使用，亦不会影响权利人的正常使用。据此，上海知产法院判决驳回上诉，维持原判。

本案中，最大的争议焦点在于，被告所提出的"适当引用"抗辩条款，在本案中是否具备适用的条件。换言之，在本案中，被告为了介绍、评论或者说明其电影内容中的某一个问题，是否有必要或者有正当理由在其电影海报中使用原告具有著作权的动画形象？被告的使用是否会给原告带来实质的损害？

"适当引用"在文化领域一直发挥着巨大作用，因此成为国际通行的"合理使用"的典型行为模式。那么，本案中被告的行为是否能成立有效的"适当引用"呢？这就需要从被引用作品的状态、引用他人作品的目的、被引用作品占整个作品的比例以及引用是否会对原作品的正常使用或者市场销售造成不良影响等因素予以综合认定。

2. "适当引用"条款适用条件一：被引用作品的状态

"被引用作品的状态"是指作品是否已经发表，即对引用的范围限制。这是因为，不经许可引用他人未发表作品，会构成对他人发表权、隐私权的侵犯。并且，我国已经加入《伯尔尼公约》《与贸易有关的知识产权协议》和《世界知识产权组织版权条约》，负有将相关国际协议中相关的"三步检验法"（合理使用的一般判断标准）落实于本国的国际义务。所谓"三步检验法"，是指只能在特殊情况下作出、与作品的正常利用不相冲突，以及没有无理损害权利人合法权益情况下，可以对著作权进行例外的限制。❶ 其构成要件体现于现行《著作权法实施条例》第二十一条中，即"依照著作权法有关规定，使用可以不经著作权人许可的已经发表的作品的，不得影响该作品的正常使用，也不得不合理地损害著作权人的合法利益"。因此，要构成"适当引用"，必然也要符合合理使用或者"三步检验法"的一般要求，即所使用的他人的作品必须是"已经发表的作品"，否则，就根本不构成合理使用。而本案中，证据表明，"葫芦娃""黑猫警长"的动画片已经于 20 世纪 80 年代播出，因此涉案作品已然发表。

3. "适当引用"条款适用条件二：引用他人作品的目的

引用的目的必须是"为介绍、评论某一作品或者说明某一问题"，这是引用的目的限制。因为适当引用是合理使用的一种形式，其目的是为了公共利益而对著作权的必要限缩，因此其目的一般应当是非商业性的。值得注意的是，这里所说的"非商业性目的"，指的是直接目的而非间接目的，即"引用作品"本身所欲直接实现的目的。只要这种目的不是直接用于商业盈利，即使其后会带来商业利益，也属于"合理引用"。例如，一家商业报刊，为了介绍一本新书写了一篇评论，合理引用了其中的部分段落，虽然报刊的销售会为报社带来商业利益，但其对新书段落的引用却是为了介绍，因此属于适当引用；相反，

---

❶ 王迁. 知识产权法教程［M］. 2 版. 北京：中国人民大学出版社，2009：225-226.

如果一家商业报刊，并非为了介绍、评论，而是为了直接营利而定期连载他人作品段落以提高报刊销量，就不符合适当引用的目的，不属于"合理使用"。

在本案中，引用原告作品的目的是否正当和合理成为双方交锋最激烈的焦点问题之一。本案中，原告主张，对"葫芦娃"和"黑猫警长"的使用，属于"事实性使用"而非作品功能性的使用，其目的在于唤醒"80后"观众的成长记忆，增强其代入感。因为这些元素组合后具有强烈的时代感，配合其他具有时代特征的器物形象（如黑白电视机，二八式自行车等）使用上述美术作品是为了说明影片的创意构思，说明影片主角的年龄特征。原告并不接受这一说法，而是针锋相对地提出：第一，影片主角的年龄特征不需要通过涉案作品来说明，因为通过海报上的电影名称，主角的年龄自然一目了然；第二，被告提出了"适当引用"，但是根据法律规定，适当引用是为了"介绍、评论某一作品或者说明某一问题"，而被告在海报中并未实施"说明"行为。这就涉及以下两个问题：

（1）"适当引用"他人作品是否必须出于必要。

按照原告的思路，说明影片主角的年龄特征的途径可以多种多样，例如，电影本身的名称，主角的外表特征，或者其他具有时代特征的器物或者形象等，没有必要一定要引用涉案作品。

笔者认为，上述观点是片面的。是否不可避免的引用并不是适当引用的构成要件；基于合理理由而不是必要理由才是使用他人作品的正常原因。理由包括两个方面：首先，"适当引用"是评论或者研究所必需的行为，因为在对他人作品进行评论或者论证观点、说明问题时，需要"旁征博引"他人作品中的某些内容来支持论点，如果每次"适当引用"都要绝对出于必要并且还能有力证明，那么将会形成巨大的创作成本，阻碍新作品的出现。其次，被评论、说明的作品的作者并不总是对负面意见抱有宽容和开放的态度，因而如果不从法律上给评论、说明者以充分的自由，就会导致艺术创作言论自由的窒息。❶ 而表达自由具有增进知识、获取真理之价值，霍姆斯的"思想与言论的自由市场"理论甚至认为，至高之美德只有经过思想的自由交换才能较易获得，要判断某种思想是否为真理，最好的办法是将之置于自由竞争的市场上。思想的自由交换意味着公众获取信息的权利，表达自由最主要的体现是公民能以各种形式（包括言语形式、出版形式）发表意见的权利。❷ 事实上，为了说明时代特征，被告总是需要引用那个时代的某个美术作品或形象，作品作者即使不是原告，也可能是其他的权利人，因此，如果不给予被告充分的引用自由，将会给影视作品的创作自由造成极大限制。

（2）"介绍、评论某一作品或者说明某一问题"的含义。

❶ 崔国斌. 著作权法：原理与案例 [M]. 北京：北京大学出版社，2014：588.
❷ 梁志文. 作品不是禁忌——评《一个馒头引发的血案》引发的著作权纠纷 [J]. 比较法研究，2007（1）.

按照原告的看法，"介绍、评论某一作品或者说明某一问题"的对象应该是被引用的作品，因此被告在引用涉案作品后，应当要予以"介绍、评论或者说明"。笔者认为，这种看法同样是片面的。"介绍、评论某一作品或者说明某一问题"事实上存在两种情况：第一种情况，引用他人作品，是为了"介绍、评论或者说明"被引用的作品本身，例如为了评论他人的诗歌而全文引用他人诗歌。第二种情况，则是引用他人作品来"介绍、评论或者说明"引用人自己的作品或者问题，而本案中就属于此种情形。换言之，在这种情况下，"介绍、评论或者说明"的对象可以并非是他人作品。例如，一个记者为了评论一个新闻事件引用了他人的某幅摄影作品，其目的显然不是为了评论摄影作品的美术价值，而是用摄影照片来印证其所欲评论的时事。

4. "适当引用"条款适用条件三：被引用作品占整个作品的比例

引用的内容必须"适当"，这是对引用的数量限制。即引用部分不能构成引用作品的主要部分或者实质部分，包括两个层面：第一，量的限制。实践中一般的标准是：引用非诗词类作品不超过2 500字或是被引用作品的1/10，多次引用同一部长篇非诗词类作品总字数不得超过1 万字。❶ 第二，质的限制。对于一些引用，虽然数量不多，但只要构成他人作品的灵魂或精华

❶ 吴汉东. 美国著作权法中合理使用的"合理性"判断标准 ［J］. 外国法译评，1997（3）.

部分，同样不能允许。如在美国哈伯出版公司诉《国家产业》杂志关于《福特回忆录》纠纷案中，被告发表了一篇2 250字的文章，该文引用了《福特回忆录》中关于"水门事件"特写的7 500字中的300~400字，不超过原特写的1/20，但该文章涉及的一段叙述，即为事件特写部分的核心内容，从而导致原告与福特签订的连载合同被取消，并对原作品市场造成重大损害。因此，美国联邦最高法院判决，被告的引用虽然量很小，但系原作的精华部分，已构成侵权，不属于合理使用。❶

而在本案中，从海报来看，被引用的"葫芦娃""黑猫警长"形象作为背景图案使用，占海报面积较小，与其他二十几个背景图案相比在位置和面积上并不突出，因此未明显超出合理限度。

5. "适当引用"条款适用条件四：引用是否会对原作品的正常使用或者市场销售造成不良影响

因为"适当引用"而对他人造成的损害，不但包括现实损害，还包括潜在的市场利益的影响，但这种影响必须是有边界的。由于所有的合理使用事实上在不同程度上都会对著作权人造成损害，如果不设置边界，就会模糊"合理使用"与侵权行为的分别，那么，如何确定这种影响的边界呢？其关键，在于判断"替代作用"。换言之，如果引用他人作品的结果是替代了

---

❶ 郑成思. 版权法 [M]. 北京：中国人民大学出版社，1997：517-520.

原作品而不是创造了新作品，就不是合理使用。❶ 所谓"替代作用"是指，因为引用他人作品，导致对他人作品形成市场竞争，最终导致他人作品的市场销售量下降和利润减少。例如，引用他人已经发表的短诗撰写诗评，虽然在数量上是全文引用，但只要形成的评论性文字与原诗作之间没有事实上的竞争关系，也可以构成适当引用。❷ 又如，教材辅导书采用与教科书相同的目录安排也不构成著作权侵权，因为同样不存在实质上的竞争关系：很难想象有人不买教材而只买教材辅导用书。

那么，涉案海报会和原告作品本身形成竞争关系吗？答案是否定的。二审法院给出了有力的分析，"葫芦娃""黑猫警长"是 20 世纪 80 年代代表性少儿动画形象，而如今以美术作品单纯的欣赏性使用作为正常使用的情况并不多，因此，"相关公众对该作品的使用需求通常情况下不太可能通过观赏涉案电影海报就能满足，从而放弃对原有作品的选择使用"。

［延伸思考］

随着《武媚娘传奇》的热播，网上在 2015 年前后曾出现了一系列利用其画面进行剪辑、配音后制作的恶搞短片。由于大量使用了原

---

❶ 邓社民. 数字环境下著作权合理使用与侵权的法律边界——由《一个馒头引发的血案》引起的思考［J］. 法学论坛，2006（6）.

❷ 梅术文. 从消费性使用视角看"微博转发"中的著作权限制［J］. 法学，2015（12）.

剧的画面，这就势必产生一个问题：这些恶搞短片使用他人作品构成
"合理使用"吗？

1. 滑稽模仿不属于"适当引用"

事实上，与《武媚娘传奇》相关的版权风险并非首次出现，最早
出现在公众视野中的同样问题始于 2005 年的"一个馒头引发的血
案"。事实上，利用公众对一些热门大片的熟悉而将其进行个性化的
剪辑、重新编写台词进行配音或者干脆让其他演员穿上同样的服装重
新演绎剧情，已经成为网络人气短剧的一种常见形式，除《武媚娘传
奇》外，同样经常成为恶搞对象的影视剧还包括《新白娘子传奇》《上
海滩》《西游记》《甄嬛传》《帝国的毁灭》等。

上述对他人作品的恶搞改编，在学理上被冠名"滑稽模仿"，是
一种始自古希腊时代的古老文学和艺术形式，以知名作品、驰名商
标、公众人物等为模仿对象，模仿者借助各种文学或艺术的表现形
式，对模仿对象进行讽刺、嘲弄。❶

对于"滑稽模仿"，公众大多持欢迎和支持的态度，部分版权学
者也为之辩护，认为应当适用我国著作权法中的"合理使用"制度，
具体而言，就是符合《著作权法》第二十二条第（二）项关于"适当引
用"的规定，即"为介绍、评论某一作品或者说明某一问题，在作品
中适当引用他人已经发表的作品"，可以不经著作权人许可，不向其
支付报酬。从字面含义出发，评论主要是指以口头或书面对某事、某
人或某种情况所做的解释、批评等。因此，滑稽模仿、讽刺也可视为
对作品的一种评论性行为，美国法中也是将其解释为一种评论形式。

---

❶ 陈晓童. 浅析滑稽模仿与网络恶搞 [J]. 法律与社会，2007（1）.

然而，认真分析"适当引用"的构成要件不难发现，"滑稽模仿"并不构成"适当引用"。"适当引用"要件之一，就是作品被引用时，被引部分不能构成引用人作品的主要部分或者实质部分。换言之，如果在介绍、评论或者说明之中，电影镜头适量间隔出现或者一闪而过，则不构成侵权；相反，如果电影的片段不是起到配合介绍、评论或者说明的辅助性作用，而是构成新作品的主体部分甚至吸引观众眼球的主要来源，就难以认为其构成"适当引用"。而对于"滑稽模仿"这种使用形式而言，很多情形需要通过对原作品进行模仿以达到嘲讽效果，其特殊的创作方法就决定了其需要以"模仿"的方式使用原作品中大量内容甚至是核心内容（如《一个馒头引发的血案》中近 80% 直接引用《无极》，剩下部分是引用《法制报道》），使受众想起原作品表达的立场、观点和思想感情，从而达到对原作品的嘲讽效果。❶ 因此，引用的数量决定了将"滑稽模仿"扩大解释为"适当引用"，是不符合客观事实的。

2. 滑稽模仿属于"合理使用"

按照"三步检验法"的标准，一般意义上的"滑稽模仿"（不包括对作者本人或者作品的正常批评范围之外的人身攻击）并不会"影响该作品的正常使用"或者"不合理地损害著作权人的合法利益"。这是因为：

第一，"滑稽使用"的确会对他人造成损害，但这种"损害"不是"不合理"的。事实上，"合理使用"制度的出发点，就是为了公共利益而限缩著作权人的利益，而对权利的限缩本身就是一种损害，因此

---

❶ 王迁. 电影介绍节目著作权侵权问题研究［J］. 中国版权，2014（2）.

"合理使用"的各种法定行为多多少少都会对著作权人造成不利损害，因此立法者根据损害的程度划定了范围，将一些典型的可以容忍的行为纳入豁免范围，而将法定行为模式之外的行为才界定为侵权。因此，不构成"合理使用"的行为，不但要对他人造成损害，而且这种损害必须是"不合理"的。从长期来看，随着滑稽模仿作品的传播，的确可能减少对原作的需求，因为它使得原作成为人们嘲讽的一个对象。即使如此，这种结果也是原作作者必须容忍的范围，因为正当的对文艺作品的批评，属于公民重要的宪法权利之一。滑稽模仿通过对他人作品的模仿达到讽刺、批评的目的，实为对作品内涵或者其他社会问题的解构、表达，属于表达自由的宪政权利范畴，因而具有很强的民主、自由意蕴。它否决了控制读者思维倾向的作品的威权，具有一定的政治、社会功能，是一个法治社会的必要基础。❶

第二，判断"影响该作品的正常使用"或者"不合理地损害著作权人的合法利益"最重要的依据在于是否产生了商业竞争意义上的"替代作用"。所谓"替代作用"是指因为引用他人作品，导致对他人作品形成市场竞争，最终导致他人作品的市场销售量下降和利润减少。那么，"滑稽模仿"会和原作本身形成竞争关系吗？答案是否定的。显然，对恶搞剧的欣赏，难以取代对整体影视剧的真实观赏体验，正如《一个馒头引发的血案》不能代替《无极》一样。此外，根据美国法上的"转换性使用"理论，"滑稽模仿"所产生的作品虽然大量使用了原作的片段，但却在表达形式、意义或传达的信息等方面进

---

❶ 李雨峰、张体锐. 滑稽模仿引发的著作权问题［J］. 人民司法·应用，2011（17）.

行了重新编排和剪辑，因此与原作相比具有了实质性的新颖性，具备了独立构成新作品的基础。因此，从本质上说，"滑稽模仿"虽未规定在立法中，却属于"合理使用"的一种。

3. 滑稽模仿在现行法律框架下的风险以及立法上的解决

由于我国著作权法对"合理使用"是采取有限列举的形式，即仅仅列举了 12 种具体情形，没有一般性的判定原则，也没有兜底条款，这使得很多国际通行的"合理使用"方式不在其中。但是，"滑稽模仿"满足"三步法"的检验，在性质上属于"合理使用"，根据我国已经加入的国际条约的有关规定，应将其纳入"合理使用"的范畴。事实上，实践中一部分法院也深感《著作权法》第二十二条在判定"合理使用"方面存在类型僵化的缺陷，转而直接应用"三步检验法"审理案件。例如，在北影录音录像公司诉北京电影学院的案例中，法院就参考了三步检验法等标准去分析北京电影学院在教学中对他人作品进行改编、拍摄、在校内放映的行为是否属于合理使用，并做出了肯定的裁判，但却缺乏我国法律条文的支持，在学界引起争议。❶ 事实上，从法律位阶上来说，《著作权法实施条例》低于《著作权法》；从条文关系上来说，《著作权法实施条例》第二十一条要受到《著作权法》第二十二条的制约。换言之，《著作权法实施条例》第二十一条是对《著作权法》第二十二条构成"合理使用"条件的进一步限制：即《著作权法》第二十二条认为初步符合"合理使用"条件的，如果"影响该作品的正常使用"或者"不合理地损害著作权人的合法利益"

---

❶ 李庆保，张艳. 对我国著作权合理使用制度的反思［J］. 知识产权，2013 (7).

的，仍然不构成"合理使用"，例如学生为了学习整本复印教材，虽然属于第二十二条规定的"个人使用"的法定情形，却不符合《著作权法实施条例》第二十一条，因此不应认定为"合理使用"。反过来，从逻辑关系和法律位阶上，不存在《著作权法》第二十二条认为不构成"合理使用"而《著作权法实施条例》第二十一条却可以改变结论的情形。由于《著作权法》第二十二条封闭式的立法中并未将"滑稽模仿"规定为"合理使用"，使得从严格意义上来说这种使用他人作品的行为仍然存在侵权风险，有侵犯他人作品的保护作品完整权、修改权和改编权之虞。

令人欣慰的是，国务院法制办于 2014 年 6 月公布的《中华人民共和国著作权法(修订草案送审稿)》第四十三条相对现行《著作权法》第二十二条在原有的 12 种具体情形后又增加了兜底条款，即第(十三)项的"其他情形"，从而为法院用"三步检验法"判断类似"滑稽模仿"的其他"合理使用"的情形留下了空间。事实上，从比较法的角度来看，很多国家都将"滑稽模仿"作为著作权侵权的豁免条件。例如，德国《著作权法》第 12 条第 2 款规定，允许对已经发表的作品进行滑稽模仿，但音乐作品除外。《法国知识产权法典》第 L. 122 - 5 条第 4 款则明确规定："作品发表之后，作者不得禁止合法的滑稽模仿、讽刺模仿及漫画。"因此，将"滑稽模仿"纳入合理使用的行为模式，是大势所趋。

三、为报道时事新闻，在报纸、期刊、广播电台、电视台等媒体中不可避免地再现或者引用已经发表的作品

在实践中，很多媒体或单位模糊了"时事新闻"和"时事新闻作品"的界限。随着现代新闻媒体事业的发展，新闻报道再也不是简单的消息传递，而是整合了新闻背景、权威评论、专家解读等众多内容在内的独特资讯，既是文字报道、新闻配图、视屏录像、采访录音等多种表达形式的结合，又凝聚了新闻撰稿人、评论员、报道记者、摄影摄像者等多个主体的创造性劳动。因此，对于构成作品的时事新闻，同样不能任性使用，而仅仅只能使用作品中的新闻要素，如果要引用他人的时事新闻作品，则必须限于"不可避免"的情形。例如，实践中，经常有人以本项条文为依据在娱乐新闻报道中擅自使用他人拍摄的相关照片（并且不属于"不可避免"的情形）。笔者认为，"新闻照片"并不属于"时事新闻"的范畴，同样应当受到著作权法的保护。

四、报纸、期刊、广播电台、电视台等媒体刊登或者播放其他报纸、期刊、广播电台、电视台等媒体已经发表的关于政治、经济、宗教问题的时事性文章，但作者声明不许刊登、播放的除外

本项的意义在于传播国家关于政治、经济等时事的最新动态，满足人们的知情需要。

五、报纸、期刊、广播电台、电视台等媒体刊登或者播放在公众集会上发表的讲话，但作者声明不许刊登、播放的除外

本项的意义与上一项类似，也是为满足人民群众的知情需要。

六、为学校课堂教学或者科学研究，翻译或者少量复制已经发表的作品，供教学或者科研人员使用，但不得出版发行

在实践中，一些学校凭借这一条款将教材进行复印并提供给成百上千的学生用于课堂教学。尽管学校并未以此营利，而且目的也是为了"教学研究"，但是使用范围和数量显然已经远远突破了"少量"的要求，事实上并不构成合理使用。

七、国家机关为执行公务在合理范围内使用已经发表的作品

据报道，2014 年 9 月，某著名摄影师发现，浙江某市气象服务中心（以下简称"N 气象中心"）网站背景中的北仑港夜景图片是其创作的《大港之夜》经裁剪加工而成，于是以侵犯著作权为由，将 N 气象中心诉至法院。法院一审判定 N 气象中心侵犯了原告的著作权，需赔偿8 000元。在案件审理中，N 气象中心辩称，其系履行法定职责，出于公益目的，未用于商业目的，也未造成较大影响，且无证据证实给著作权人造成经济损失，不应承担登报致歉、赔偿损失的侵权责任。法院经比对认定，N气象中心网站背景中的北仑港夜景图片系对原告摄影作品进行裁剪加工后形成，N气象中心虽出于公益目的，但在使用原告摄影作品过程中并未标注作者姓名，且使用涉案摄影作品并非其履行法定职责所必需，故该行为不属于合理使用，构成侵权。

这个看似平常的侵权案件其实非常具有典型意义，反映了很多人对于著作权法中合理使用他人作品的认识误区。《著作权法》中"合理使用"所规定的十二种具体情形多是为了保障新闻、研究、教育等公益事业的顺利进行，因此很多人据此认为，只要使用他人作品的目的不是为了营利，就是"合理使用"。在这一似是而非的观念引导下，又衍生出了两种模糊认识：第一，国家机关、学校、图书馆等非营利性机构在履行职务过程中使用他人作品不构成侵权（如高校为了教学需要大量复制教科书免费提供给学生使用）；第二，个人或者营利性机构为了公益性目的使用他人作品不构成侵权（如某公司为了给山区儿童募捐而擅自表演他人作品，但收取费用）。事实上，这两种观点都是对"合理使用"制度的误读。这些观念的错误在于，公益性使用他人作品是否构成合理使用，仍需要接受《著作权法实施条例》第二十一条的检验，即"不得影响该作品的正常使用，也不得不合理地损害著作权人的合法利益"。然而在实践中，人们往往忘记了这一限制。换言之，并非只要"公益性"地使用他人作品，就可以构成"合理使用"，使用人还必须符合其他法律规定的条件。例如，在本案中，N 气象中心的理由接近合理使用制度中的"执行公务"抗辩，那么，什么样的"执行公务"行为，才能构成对他人作品的合理使用呢？

根据现行著作权法的规定，"国家机关为执行公务在合理范围内使用已经发表的作品"，可以构成"合理使用"，可以"不经著作权人许可，不向其支付报酬，但应当指明作者姓名、作品名称，并且不得侵犯著作权人依照本法享有的其他权利"，那么，如何理解这种"公务使用"行为呢？

首先，行为主体必须是"国家机关"。包括国家立法机关、司法机关、行政机关、军事机关等。但是，一般认为，国家机关授权或者委托其他单位执行公务的，则其他单位也可以获得"公务使用"的主体资格。例如，教育部考试中心虽然不是国家机关，但其组织高考命题却属于"受国家机关委托或授权"的行为。从司法实践中的案件来看，法院已经确认地方史志办公室、土地交易储备中心、公立大学、中国教育电视台等事业单位并非著作权法意义上的"国家机关"。因此，本案中的 N 气象服务中心虽然属于给公众提供气象预测等公益服务的政府事业单位，但如果涉案行为没有"受国家机关委托或授权"，则不能构成"公务使用"的主体。

其次，必须是因"执行公务"需要而使用作品。换言之，国家机关因为执行公务的"必需"而使用他人作品。例如，公安机关为了抓捕犯人而在通缉令中使用了嫌疑犯的艺术照，即使该照片是第三人享有著作权的摄影作品，也仍然构成"合理使用"。反之，如果国家机关为了完成某项公务并不只有一种路径，那么使用他人作品就并不具有足够的正当性。实践中，很多案件中政府机关的确是为了履行职务而使用他人作品，但这种使用却并没有达到人们观念中的"非此不可"的必要程度。例如，本案中，N 气象中心将他人摄影作品用于自己网站的背景图片，但这并非执行气象公共服务所必需，换言之，N 气象中心可以不使用背景图片，或者可以使用其他不受著作权法保护的图片，或者也可以自己拍摄照片，这些，都对其执行气象服务没有产生什么实质影响。

再次，使用限于"合理范围内"。即既不超过国家机关职能的范围，又不超过执行公务的范围。例如，政府机关在执行公务过程中不能以"经费不足"为借口而使用盗版软件，也不能因为"节省开支"就不去订购报刊资料而是经常性的复印。在使用的程度上，要接受"三步检验法"的测试，即不能因为使用而"不合理地损害著作权人的合法利益"。例如，立法机关为了讨论某个问题而复制某个法学教授著作中的部分章节，是合理的，但是，如果将其专著成千册地复制发行，就突破了"合理范围"。

最后，一般情况下，应当指明作者姓名、作品名称，并且不得侵犯著作权人依照著作权法享有的其他权利。合理使用从制度上仅仅是使用他人作品的一个抗辩理由，由此导致的结果是著作权人部分财产权益的限缩，但不代表著作权人丧失全部著作权益。因此，即使是合理使用，也不得侵害作者的署名权、保护作品完整权、修改权和其他合法权益。例如本案中，N 气象中心即使构成对原告作品的"执行公务"而为的"合理使用"，也应该在合理位置标注原告的姓名和作品名称。

八、图书馆、档案馆、纪念馆、博物馆、美术馆等为陈列或者保存版本的需要，复制本馆收藏的作品

据报道，广西南宁市某图书馆在未取得版权人许可的情况下上传了《一场风花雪月的事》《死于青春》《穆斯林的葬礼》三部作品至其网站，读者无需办理注册或其他手续即可阅读和下载相关作品。相关作品的权利人知晓后，将该图书馆告上法院索赔。法院审结此案后，判令被告停止侵权并并赔偿原告损失。

本案中，尽管《著作权法》第二十二条规定，图书馆、档案馆、纪念馆、博物馆、美术馆等为陈列或者保存版本的需要，复制本馆收藏的作品的，属于"合理使用"行为，可以不经著作权人许可，不向其支付报酬，但是，这一条的适用是有严格条件的。《信息网络传播权保护条例》第七条第一款对于图书馆的网络服务专门做出了具体规定："图书馆、档案馆、纪念馆、博物馆、美术馆等可以不经著作权人许可，通过信息网络向本馆馆舍内服务对象提供本馆收藏的合法出版的数字作品和依法为陈列或者保存版本的需要以数字化形式复制的作品，不向其支付报酬，但不得直接或者间接获得经济利益。当事人另有约定的除外。"不难看出，图书馆要合理使用他人作品提供网络服务，必须满足几个条件：第一，服务对象为在其馆舍内的读者；第二，提供给读者阅读的作品是其收藏的合法出版的数字作品，或者是其依法为陈列或者保存版本的需要以数字化形式复制的作品；第三，图书馆不能通过这种服务营利。而本案中，图书馆所提供的服务是接入互联网的，任何人均可通过互联网络进入其网站获得涉案数字作品，其服务对象范围远远大于在其馆舍内的读者，已经"不合理地损害了著作权人的合法权益"，根据《著作权法实施条例》第二十一条，不构成著作权法上的"合理使用"。

九、免费表演已经发表的作品，该表演未向公众收取费用，也未向表演者支付报酬

在实践中，一些酒吧为招徕顾客，在门口安排乐队演奏他人音乐作品，并认为这是免费表演而属于合理使用。事实上，这种使用看似"未向公众收取费用，也未向表演者支付报酬"，但事实上并不符合。首先，酒吧虽未即时支付乐队报酬，但他们之间存在劳动雇佣关系，乐队的表演是有偿工作的一部分；其次，顾客虽然不必为乐队的表演单独买单，但是却可能被吸引而进入酒吧进行后续消费，从这个角度来看，仍然是一种变相的商业营销行为。

十、对设置或者陈列在室外公共场所的艺术作品进行临摹、绘画、摄影、录像

本条在实践中适用的争议在于：对设置或者陈列在室外公共场所的艺术作品进行临摹、绘画、摄影、录像所得的新的创作成果，可否进行再次使用？对此，最高人民法院《关于审理著作权民事纠纷案件适用法律若干问题的解释》第十八条作出了回答，"临摹、绘画、摄影、录像人可以对其成果以合理的方式和范围再行使用，不构成侵权"。

那么，什么是"以合理的方式和范围再行使用"？笔者认为，必须排除可能对著作权人权利产生影响的商业竞争性使用。例如，以室外艺术作品为模型制作纪念品并销售、以艺术品造型申请立体商标，都不属于合理的"再行使用"。

十一、将中国公民、法人或者其他组织已经发表的以汉语言文字创作的作品翻译成少数民族语言文字作品在国内出版发行

本项是为了促进少数民族的教育和发展，但是将外国人的作品翻译成少数民族语言作品则不适用本项规定。

十二、将已经发表的作品改成盲文出版

本项是为了促进盲人群体的教育和发展。值得注意的是与

上一项相比，本项内容从条文上看适用将外国人作品改成盲文出版的情形。

第二十三条　【教科书法定许可】

为实施九年制义务教育和国家教育规划而编写出版教科书，除作者事先声明不许使用的外，可以不经著作权人许可，在教科书中汇编已经发表的作品片段或者短小的文字作品、音乐作品或者单幅的美术作品、摄影作品，但应当按照规定支付报酬，指明作者姓名、作品名称，并且不得侵犯著作权人依照本法享有的其他权利。

前款规定适用于对出版者、表演者、录音录像制作者、广播电台、电视台的权利的限制。

[《著作权法实施条例》相关规定]

第二十二条　依照著作权法第二十三条、第三十三条第二款、第四十条第三款的规定使用作品的付酬标准，由国务院著作权行政管理部门会同国务院价格主管部门制定、公布。

条文解读

本条属于我国著作权法中的"法定许可"制度中的"编写出版教科书法定许可"。其他形式的法定许可还包括：报刊转载法定许可、制作录音制品法定许可、播放作品和录音制品的法定许可、制作和提供课件的法定许可，此外《信息网络传播权保护条例》中还规定了一种"通过网络向农村提供特定作品的准法定许可"。

关于本条需要注意两点：第一，本条适用的前提是"为实施九年制义务教育和国家教育规划"，其他教育目的不能适用；第二，使用范围限于"作品片段或者短小的文字作品、音乐作品或者单幅的美术作品、摄影作品"。

第二十四条 【许可合同】

使用他人作品应当同著作权人订立许可使用合同，本法规定可以不经许可的除外。

许可使用合同包括下列主要内容：

（一）许可使用的权利种类；

（二）许可使用的权利是专有使用权或者非专有使用权；

（三）许可使用的地域范围、期间；

（四）付酬标准和办法；

（五）违约责任；

（六）双方认为需要约定的其他内容。

[《著作权法实施条例》相关规定]

第二十三条　使用他人作品应当同著作权人订立许可使用合同，许可使用的权利是专有使用权的，应当采取书面形式，但是报社、期刊社刊登作品除外。

第二十四条　著作权法第二十四条规定的专有使用权的内容由合同约定，合同没有约定或者约定不明的，视为被许可人有权排除包括著作权人在内的任何人以同样的方式使用作品；除合同另有约定外，被许可人许可第三人行使同一权利，必须取得著作权人的许可。

条文解读

为了减少法律纠纷，许可他人使用自己的作品应当订立合同。许可使用的权利是专有使用权的，一般还应当采取书面形式，同时为了减少纠纷，应当将主要的约定内容详细载明于合同之上。

第二十五条　【转让合同】

转让本法第十条第一款第（五）项至第（十七）项规定的权利，应当订立书面合同。

权利转让合同包括下列主要内容：

（一）作品的名称；

（二）转让的权利种类、地域范围；

（三）转让价金；

（四）交付转让价金的日期和方式；

（五）违约责任；

（六）双方认为需要约定的其他内容。

[《著作权法实施条例》相关规定]

第二十五条　与著作权人订立专有许可使用合同、转让合同的，可以向著作权行政管理部门备案。

条文解读

当一个小说家将其畅销小说（包括可能撰写的续集、前传、后传、外传等全部作品）独家转让给他人以后，自己在以后的创作中还可以使用原来的作品内容吗？对此，某著名作者表示，"比如写了一本书，我又写了一本书，我以前写过的书包括词，这本书都不能用？我算抄袭？我抄袭我自己吗？"

围绕着"自己抄袭自己算不算侵权"这一事件，网络上曾出现了热烈的讨论和争鸣。笔者认为，要厘清这一事件，就要考虑：这一问题并不是简单的"自己抄袭自己算不算侵权"，而是，"当自己已经把自己的作品独家转让给他人后，自己抄袭自己算不算侵权"？显然，这是两个截然不同的问题。

一般而言，作者有权自由创作，当然有权再度对某个主题或者某个作品进行再度的充实、改编，这当中不可避免地涉及对原有作品部分内容的复制，这当然是作者的创作自由。但是，必须明确的是，这一结论建立在作者之前的作品的著作权仍然保留在自己手中这一前提。与之相对，当作者已经把之前的著作权转让后，结论就可能完全不同。

对于作品，一般而言，其著作人身权始终附属于作者不会分离，其著作财产权则存在三种状态：专属于作者；因为普通许可关系或排他许可关系而同时属于作者和被许可人；因为独占许可关系而专属于被许可人。不难看出，在排他许可关系或者独占许可合同关系中，如果作者在许可合同有效期内违反合同约定对相关作品的处分或利用逾越了合同的约定，不但构成对许可合同的违反，还会侵犯合同相对方依据合同取得的著作财产权。这是为什么呢？

在著作权许可合同中，有三种基本类型：普通许可、排他许可和独占许可。所谓普通许可，是指许可方许可被许可方在规定范围内使用作品，同时保留自己在该范围内使用作品以及许可其他人实施该作品的许可方式。所谓排他许可，是指许可方许可被许可方在规定范围内使用作品，同时保留自己在该范围内使用该作品的权利，但是不得另行许可其他人实施该作品的许可方式。所谓独占许可，是指许可方许可被许可方在规定范围内使用作品，同时在许可期内自己也无权行使相关权利，更不得另行许可其他人使用该作品的许可方式。不难看出，从普通许可到独占许可，权利的独占程度不断增加，而且向被许可人方向倾斜。正因为这一原因，一般而言，被许可人为了取得独占许可也需要付出较普通许可和排他许可更多的交易对价。

因此，对于独占许可而言，在合同有效期内，对于合同约定的某部作品的特定著作财产权项，如果被许可人取得了唯一的、独占的权利，作者此时即与普通的第三人法律地位无异，如果违反合同约定将约定的作品另行进行商业性的演绎、改编，不但构成合同违约，也构成著作权侵权（侵犯了被许可人独占的某项特定著作财产权）。因此，由于独占许可合同过于"霸道"，一旦签署就会在合同有效期内对作者再度利用作品发生极大的限制，因而作者应当谨慎签署这样的合同；另外，作者一旦签署了独占许可合同并获得合理的商业对价，就应当尊重契约精神和对方的合同利益，不能在合同约定期限内再变相利用或者许可第三方商业利用合同涉及的作品。

例如，一个小说的作者将自己的某部小说的所有著作财产权在三年内独占许可给一个娱乐公司，那么，在这三年内，这个作者就不得在自行或者许可他人违反合同约定条款对该小说进行实质性的再利用（即复制、发行、表演、摄制或者信息网络传播等），否则，就会构成违约责任和侵权责任的竞合（当然，如果小说作者签署的相关合同是排他许可，则作者本人仍然有自由使用该作品的权利）。由此可见，当作者将自己的作品独占许可给第三人后，从法律关系上说，他已经与自己之外的"他人"无异，并不享有"特权"。换言之，此时"自己抄袭自己"，实与"自己抄袭他人"并无实质区别。

第二十六条　【著作权出质】

以著作权出质的，由出质人和质权人向国务院著作权行政管理部门办理出质登记。

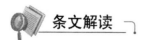

条文解读

《物权法》第二百二十七条规定，以注册商标专用权、专利权、著作权等知识产权中的财产权出质的，当事人应当订立书面合同。质权自有关主管部门办理出质登记时设立。知识产权中的财产权出质后，出质人不得转让或者许可他人使用，但经出质人与质权人协商同意的除外。出质人转让或者许可他人使用出质的知识产权中的财产权所得的价款，应当向质权人提前清偿债务或者提存。

第二十七条 【合同未明确】

许可使用合同和转让合同中著作权人未明确许可、转让的权利，未经著作权人同意，另一方当事人不得行使。

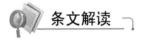 条文解读

实践中，由于著作权许可合同双方缺乏应有的法律意识而没有订立书面合同，或者虽然订立书面合同而有所疏漏，"未明确约定许可范围"的情形非常常见，一旦引起纠纷诉诸法院，何为"许可、转让的权利范围"就成为知识产权法官首先面对的一个合同解释问题。

根据现有的法律设计，约定不明时著作权被推定为未被许可，这是因为，著作权法基于对作者的保护，在权利分配上存

在将各项权能最大可能保留在权利人手中的趋势。正如德国版权法学者所言，"在作者著作权的各种合同约定不明的情况下，除了实现该使用合同目的所必要的权利外，并不发生其他权利的使用许可"。因此，对于"著作权许可使用范围"应当采取严格解释的司法立场。以下以常见的软件"用户协议"为例说明许可合同中应当注意的问题。

对于很多计算机用户而言，计算机软件"用户协议"是个既熟悉又陌生的电子合同。说它熟悉，是一般情况下安装计算机软件都会出现这么一个东东；说它陌生，是因为多数的计算机用户对"用户协议"的内容往往视而不见，一般下意识地在下面的"同意协议"画上钩继续安装软件。然而，这种习惯性的漠视往往会埋下法律隐患。

1. 超出软件的使用期限导致侵权

实践中，大部分的试用版软件和部分正式版软件，在使用期限上都是有限制的，换言之，在期限内使用软件视为获得版权人的许可，而超出期限就会涉嫌侵权。而这个划分侵权与否的时间界限，就规定在"用户协议"的条款之中。因此，计算机用户在安装软件特别是试用版软件时，要留心"用户协议"中关于授权使用期限的约定，否则，就会构成对"用户协议"的违约以及对版权人版权的侵犯，而版权人则可以在违约和侵权两个诉由中择一起诉。实践中，有的版权人已经掌握了远程侦测技术来检查使用自己软件的用户是否超出许可期限（例如计算机 telnet 命令远程监测）。

2. 超出软件的使用范围导致侵权

实践中，大部分的试用版软件和正式版软件，在使用方式和范围上同样是有限制的。例如，如果试用版软件中有这样的条款"本软件在试用期限内不得用于商业目的"，那么，如果安装该软件的用户在试用期内用软件设计产品并对外销售，就会涉嫌违反这一条款，构成对"用户协议"的违约和对版权人版权的侵犯，版权人同样可以提出违约之诉或侵权之诉。值得补充的是，对于一些计算机用户通过合法途径购入的商业正版软件，其购买目的是商业用途，如果软件的"用户协议"对于用户的商业使用方式进行了不合理的限制，则不会得到法院支持。例如，在方正字体著作权案中，尽管方正公司主张其软件的用户许可协议中规定涉案字库产品只限于个人或非商业性使用，对字库产品中具体单字的商业性再使用应另行取得方正公司授权，但二审法院认为，如果购买者基于购买行为而对字库单字的权利行使方式产生合理期待，如不实施这一合理期待的行为，将会导致这一购买行为对于购买者不具有实质价值，则此种情况下，对该载体的购买行为即可视为购买者同时取得了以合理期待的方式行使该知识产权的默示许可，购买者不需在购买行为之外另行获得许可。购买者对于汉字字库产品中具体单字的利用通常不仅限于电脑屏幕上的显示行为，还会包括将其进行后续商业性的使用行为（如将编辑的文件进行公开展示，将广告设计结果许可广告客户进行后续再利用等）。因此，在权利人无明确、合理且有效限制的情况下，上述行为均属于购买者合理期待的使用行为，应视为经过权利人的默示许可。

3. 超出软件的传播范围导致侵权

实践中，对于大部分的试用版软件和正式版软件，如果在"用户协议"中没有明示"用户可以免费复制或者提供给第三方使用"的类似条款，则用户不得复制相应的软件无偿或者有偿提供给他人使用。以试用版软件为例，尽管用户往往是从权利人的网站上免费下载所得，但用户却不能将软件复制到自己的网站服务器上并再向他人提供同样的下载服务，因为这侵犯了该软件的复制权和信息网络传播权。同样，用户也不能将软件刻录到光盘等介质上对外销售，这会侵犯该软件的复制权和发行权。

4. 违反协议的特别要求导致侵权

在软件用户协议中，有一类特别的协议，被称为开源软件使用协议。所谓开源软件，是指公开源代码，并在软件许可证的规定下允许用户更改、自由发布、衍生开发其他软件等，使用者无须付费，但需要尊重原开发者的版权。其中，不同的开源软件具有不同的许可证（用户协议），如 BSD、Apache、GPL、LGPL 等。通俗地说，这些许可证，相当于一个"使用合同"，当用户使用相应的开源软件时，在享受开源软件的各项权能时，就视为接受了这些许可证中所规定的各项用户义务，如果违反，就要承担相应的法律责任。例如，GPL 是开源软件中较为常见的一种许可证形式，除了用户可以获得源代码和免费使用，自由修改、演绎、发布外，这种许可证最关键的要求是，用户基于原软件基础上演绎开发的新软件必须同样附加相同内容的许可证，即再下一级的用户对上一级用户增加了新内容的软件必须获得同样的接触全部源代码（包括新增的源代码）的权利和再行使用、修改、演绎的权利。GPL 许可证的这一特性使得采用该许可协议的软件具有"多米诺骨牌"的传递性特征，即基于该许可证发布的软件的后续软件开发也必须遵循 GPL 许可证规定，否则将面临法律诉讼的风险。

第二十八条 【付酬标准】

使用作品的付酬标准可以由当事人约定，也可以按照国务院著作权行政管理部门会同有关部门制定的付酬标准支付报酬。当事人约定不明确的，按照国务院著作权行政管理部门会同有关部门制定的付酬标准支付报酬。

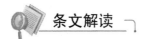 **条文解读**

本条规定了作品报酬的计算标准。由于法定的报酬标准必然不可能太高，因此当事人尤其是权利人最好在合同中明确约定。

第二十九条 【邻接权人使用】

出版者、表演者、录音录像制作者、广播电台、电视台等依照本法有关规定使用他人作品的，不得侵犯作者的署名权、修改权、保护作品完整权和获得报酬的权利。

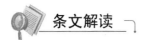 **条文解读**

本条说明了作者的署名权、修改权、保护作品完整权无论他人如何使用作品都不能侵害。获得报酬权在没有特别规定（如合理使用）的情况下也不得侵害。

第三十条 【出版合同】

图书出版者出版图书应当和著作权人订立出版合同，并支付报酬。

 条文解读

非经著作权人许可，出版者不得擅自出版其作品。

第三十一条 【专有出版权】

图书出版者对著作权人交付出版的作品，按照合同约定享有的专有出版权受法律保护，他人不得出版该作品。

[《著作权法实施条例》相关规定]

第二十八条 图书出版合同中约定图书出版者享有专有出

版权但没有明确其具体内容的，视为图书出版者享有在合同有效期限内和在合同约定的地域范围内以同种文字的原版、修订版出版图书的专有权利。

条文解读

这里的专有出版权必须通过合同约定。换言之，如果合同对于是否专有出版约定不明，则不能推定为专有出版合同。专有出版权受到合同约定的期限、地域和版本的限制。

例如，作者张三将自己的小说交给 A 出版社出版，但双方未签订出版合同。后来，张三又和 B 出版社签订了专有出版合同，将书稿交给 B 出版社出版。则张三的"一稿多投"行为虽然在道德上存在争议，但是在法律上并不违法，而 A 出版社应当尊重 B 出版社的专有出版权，不得再行出版。

第三十二条 【出版合同履行】

著作权人应当按照合同约定期限交付作品。图书出版者应当按照合同约定的出版质量、期限出版图书。

图书出版者不按照合同约定期限出版，应当依照本法第五十四条的规定承担民事责任。

图书出版者重印、再版作品的，应当通知著作权人，并支付报酬。图书脱销后，图书出版者拒绝重印、再版的，著作权人有权终止合同。

[《著作权法实施条例》相关规定]

第二十九条 著作权人寄给图书出版者的两份订单在 6 个月内未能得到履行，视为著作权法第三十二条所称图书脱销。

 条文解读

本条主要申明了出版合同履行过程中双方应当遵守的诚实信用义务。

第三十三条 【投稿期限】

著作权人向报社、期刊社投稿的，自稿件发出之日起十五日内未收到报社通知决定刊登的，或者自稿件发出之日起三十日内未收到期刊社通知决定刊登的，可以将同一作品向其他报社、期刊社投稿。双方另有约定的除外。

作品刊登后，除著作权人声明不得转载、摘编的外，其他报刊可以转载或者作为文摘、资料刊登，但应当按照规定向著作权人支付报酬。

[《著作权法实施条例》相关规定]

第三十条　著作权人依照著作权法第三十三条第二款声明不得转载、摘编其作品的，应当在报纸、期刊刊登该作品时附带声明。

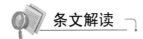 **条文解读**

本条第一款规定了投稿的期限，但现实中报社、期刊社都是通过格式合同约稿，而且约稿期限往往超过本款规定，所以如果发生纠纷需要考察相应的合同是否有效。

本条第二款规定的"不得转载、摘编"的声明只能由作者做出，报社、期刊社如果在刊物上发布诸如"不得转载"的声明，事实上是无效的。当然，如果报社、期刊社已经通过约定取得了所有作者的专有使用权，则可以在刊物上统一发布禁止转载的声明。

第三十四条 　【出版者修改】

图书出版者经作者许可，可以对作品修改、删节。

报社、期刊社可以对作品作文字性修改、删节。对内容的修改，应当经作者许可。

条文解读

本条需要注意的是，无论是图书出版者还是报社、期刊社，对作者作品的修改涉及具体的文字表达时，都必须获得作者许可，否则很可能涉嫌对作者的修改权或者保护作品完整权构成侵害。所谓"文字性修改、删节"，笔者认为，是指明显的错别字、格式错误，或者其他与思想主旨表达关系不大的细枝末节的修改。

一般而言，相对于其他人，作者对于出版部门的修改负有一定的容忍义务，这既是为了减少交易、沟通成本，也是为了实际需要。因此，报社、期刊社可以对作品作文字性修改、删节。但是，值得注意的是，这种修改、删节只是"文字性"的，如果因为修改、删节而影响了作品整体的思想、主旨，则可能涉嫌侵害"保护作品完整权"。

例如，在陈世清与北京某公司等侵害保护作品完整权纠纷案中，被告未经原告陈世清许可，在涉案图书中未使用《总序》及三本书的《前言》和《后记》。法院认为，在本案中，《总序》及三本书的《前言》和《后记》是对于涉案作品在学术理论方面的提炼和升华，体现了作者在涉案作品中想要突出表达的系统化的观点，是涉案作品的有机组成部分。被告的删除行为使得上诉人陈世清的学术思想不能完整、准确、系统地呈现在公众面前，构成对涉案作品的实质性修改，改变了涉案作品的内容、观点和形式，客观上达到了歪曲、篡改的效果，侵害了陈世清享有的保护作品完整权。

第三十五条　【出版演绎作品】

出版改编、翻译、注释、整理、汇编已有作品而产生的作品，应当取得改编、翻译、注释、整理、汇编作品的著作权人和原作品的著作权人许可，并支付报酬。

条文解读

根据前面的论述，这一条很好理解，就是出版演绎作品必须获得演绎作品和原作品著作权人的一致同意。

第三十六条 【版式设计权】

出版者有权许可或者禁止他人使用其出版的图书、期刊的版式设计。

前款规定的权利的保护期为十年，截止于使用该版式设计的图书、期刊首次出版后第十年的 12 月 31 日。

条文解读

本条规定的是"版式设计权"，即对印刷品版面格式（包括版心、排式、用字、行距、标点等版面元素安排所享有的专有权利，属于邻接权。如果他人用相同版式出版同一作品，版式设计者可据此条起诉。值得注意的是"版式设计"并不包括美术意义上的"装帧设计"，"装帧设计"如被侵害设计人可依据

反不正当竞争法中的"知名商品特有装潢"起诉。❶

第三十七条 【使用他人作品演出】

使用他人作品演出，表演者（演员、演出单位）应当取得著作权人许可，并支付报酬。演出组织者组织演出，由该组织者取得著作权人许可，并支付报酬。

使用改编、翻译、注释、整理已有作品而产生的作品进行演出，应当取得改编、翻译、注释、整理作品的著作权人和原作品的著作权人许可，并支付报酬。

条文解读

由于表演所产生的权利是一种邻接权，必须以他人作品为基础，因此必须要获得所使用作品著作权人的许可并支付报酬。

---

❶ 王迁. 知识产权法教程 [M]. 2 版. 北京：中国人民大学出版社，2009：217.

第三十八条 【表演者权】

表演者对其表演享有下列权利：

（一）表明表演者身份；

（二）保护表演形象不受歪曲；

（三）许可他人从现场直播和公开传送其现场表演，并获得报酬；

（四）许可他人录音录像，并获得报酬；

（五）许可他人复制、发行录有其表演的录音录像制品，并获得报酬；

（六）许可他人通过信息网络向公众传播其表演，并获得报酬。

被许可人以前款第（三）项至第（六）项规定的方式使用作品，还应当取得著作权人许可，并支付报酬。

[《著作权法实施条例》相关规定]

第三十三条 外国人、无国籍人在中国境内的表演，受著作权法保护。

外国人、无国籍人根据中国参加的国际条约对其表演享有的权利，受著作权法保护。

条文解读

本条规定的是"表演者权"的各项内容。现实中出现的争议是影视作品中的演员是否可以主张"表演者权"。

例如，高某是职业模特，2011 年依据 A 司与 B 公司签订的《奔驰汽车影视短片模特合约》，拍摄了涉案广告片。2012 年年底，高某发现奔驰销售公司经营的"梅赛德斯·奔驰（中国）"网站上的一个栏目上登有该广告片并可在线观看。高某遂以奔驰销售公司的信息网络传播行为侵害了其表演者权为由提起诉讼。一审法院判决驳回原告高某的诉讼请求。高某提出上诉，二审法院维持原判。法院认为，高某作为模特依据合同约定拍摄了涉案广告片，其作为演员根据广告创意的脚本将自己的表演行为融入声音、场景画面中，通过导演的拍摄形成了以类似摄制电影的方法创作的作品，属于著作权法意义上的一种独立的作品形式，而该作品的著作权应归制片人享有。因此，高某作为演员不能再单独行使财产性权利。❶

---

❶ 张玲玲. 表演者不能单独主张表演者权中的财产性权利——评高健诉梅赛德斯·奔驰（中国）汽车销售有限公司侵犯表演者权纠纷案 ［N］. 中国知识产权报，2014-12-26.

第三十九条 【表演者权期限】

本法第三十八条第一款第（一）项、第（二）项规定的权利的保护期不受限制。

本法第三十八条第一款第（三）项至第（六）项规定的权利的保护期为五十年，截止于该表演发生后第五十年的 12 月 31 日。

条文解读

本条规定了表演者权的保护期限。其中人格性的表演者权不受时间限制。

第四十条 【使用他人作品录音录像】

录音录像制作者使用他人作品制作录音录像制品，应当取得著作权人许可，并支付报酬。

录音录像制作者使用改编、翻译、注释、整理已有作品而产生的作品，应当取得改编、翻译、注释、整理作品的著作权人和原作品著作权人许可，并支付报酬。

录音制作者使用他人已经合法录制为录音制品的音乐作品制作录音制品，可以不经著作权人许可，但应当按照规定支付报酬；著作权人声明不许使用的不得使用。

[《著作权法实施条例》相关规定]

第三十一条 著作权人依照著作权法第四十条第三款声明不得对其作品制作录音制品的，应当在该作品合法录制为录音制品时声明。

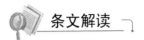 条文解读

本条规定的是录音录像制作者使用他人作品的法律义务。值得注意的是当"用他人已经合法录制为录音制品的音乐作品制作录音制品"时，可以不经过著作权人许可。

第四十一条 【录音录像表演合同】

录音录像制作者制作录音录像制品，应当同表演者订立合同，并支付报酬。

条文解读

本条再次提示订立合同。这对于减少潜在的法律纠纷和风险，具有积极意义。

第四十二条 【录音录像制作者权】

录音录像制作者对其制作的录音录像制品，享有许可他人复制、发行、出租、通过信息网络向公众传播并获得报酬的权利；权利的保护期为五十年，截止于该制品首次制作完成后第五十年的 12 月 31 日。

被许可人复制、发行、通过信息网络向公众传播录音录像制品，还应当取得著作权人、表演者许可，并支付报酬。

[《著作权法实施条例》相关规定]

第三十四条 外国人、无国籍人在中国境内制作、发行的录音制品，受著作权法保护。

外国人、无国籍人根据中国参加的国际条约对其制作、发行的录音制品享有的权利，受著作权法保护。

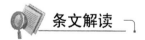 **条文解读**

本条规定了录音录像制作者享有的权利：复制权、发行权、出租权、信息网络传播权。

例如，某网站与某音乐公司签订录音制品的信息网络传播权的许可使用合同，则该网站除了要向该音乐公司（录音制作者）付费取得许可，还必须取得相关作品的著作权人（如作词、作曲者）以及表演者（歌手）的许可并支付费用。

但是，营业场所播放由音乐作品录制而成的录音制品，不需要经过录音制作作许可并支付报酬，因为录音制作者并不享有"表演权"；也不需要经过表演者许可并支付报酬，因为表演者只享有"表演者权"但不享有"表演权"；但是应当经过音乐著作权人许可并支付报酬，因为其享有"表演权"。

第四十三条 【广播组织播放他人作品】

广播电台、电视台播放他人未发表的作品，应当取得著作权人许可，并支付报酬。

广播电台、电视台播放他人已发表的作品，可以不经著作权人许可，但应当支付报酬。

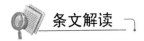 条文解读

这里需要注意的是无论播放何种作品，都需要支付报酬。

区别在于根据作品是否发表而决定是否需要获得著作权人的许可。

第四十四条 【广播组织播放录音作品】

广播电台、电视台播放已经出版的录音制品，可以不经著作权人许可，但应当支付报酬。当事人另有约定的除外。具体办法由国务院规定。

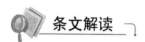 条文解读

本条需要注意的是必须是限于"已经出版的录音制品"。

第四十五条 【广播组织权】

广播电台、电视台有权禁止未经其许可的下列行为：

（一）将其播放的广播、电视转播；

（二）将其播放的广播、电视录制在音像载体上以及复制音

像载体。

前款规定的权利的保护期为五十年，截止于该广播、电视首次播放后第五十年的 12 月 31 日。

[《著作权法实施条例》相关规定]

第三十五条　外国的广播电台、电视台根据中国参加的国际条约对其播放的广播、电视节目享有的权利，受著作权法保护。

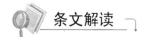 条文解读

广播电台、电视台有权播放其编制或取得授权的音像节目，并通过无线信号向公众传播，有权许可他人使用前述权利，有权许可他人复制其制作的节目。

第四十六条 【电视台播放他人作品】

电视台播放他人的电影作品和以类似摄制电影的方法创作的作品、录像制品，应当取得制片者或者录像制作者许可，并支付报酬；播放他人的录像制品，还应当取得著作权人许可，

并支付报酬。

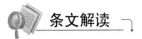 **条文解读**

例如，某电视台欲将他人已经出版的《APP 创业指南》DVD 光盘（属于以类似摄制电影的方法创作的作品）在该电视台的"创业百家谈"栏目中播放，则该电视台必须取得制片者许可并支付报酬；如果播放的是独创性较低的录像制品，也必须取得录像制作者和著作权人许可并支付报酬；但如果播放已经出版的录音制品，可以不经著作权人许可，但应当支付报酬。

第四十七条 【侵权民事责任】

有下列侵权行为的，应当根据情况，承担停止侵害、消除影响、赔礼道歉、赔偿损失等民事责任：

（一）未经著作权人许可，发表其作品的；

（二）未经合作作者许可，将与他人合作创作的作品当作自己单独创作的作品发表的；

（三）没有参加创作，为谋取个人名利，在他人作品上署名的；

（四）歪曲、篡改他人作品的；

（五）剽窃他人作品的；

（六）未经著作权人许可，以展览、摄制电影和以类似摄制电影的方法使用作品，或者以改编、翻译、注释等方式使用作品的，本法另有规定的除外；

（七）使用他人作品，应当支付报酬而未支付的；

（八）未经电影作品和以类似摄制电影的方法创作的作品、计算机软件、录音录像制品的著作权人或者与著作权有关的权利人许可，出租其作品或者录音录像制品的，本法另有规定的除外；

（九）未经出版者许可，使用其出版的图书、期刊的版式设计的；

（十）未经表演者许可，从现场直播或者公开传送其现场表演，或者录制其表演的；

（十一）其他侵犯著作权以及与著作权有关的权益的行为。

第四十八条 【侵权民事、
行政、刑事责任】

有下列侵权行为的，应当根据情况，承担停止侵害、消除影响、赔礼道歉、赔偿损失等民事责任；同时损害公共利益的，可以由著作权行政管理部门责令停止侵权行为，没收违法所得，没收、销毁侵权复制品，并可处以罚款；情节严重的，著作权行政管理部门还可以没收主要用于制作侵权复制品的材料、工具、设备等；构成犯罪的，依法追究刑事责任：

（一）未经著作权人许可，复制、发行、表演、放映、广播、汇编、通过信息网络向公众传播其作品的，本法另有规定的除外；

（二）出版他人享有专有出版权的图书的；

（三）未经表演者许可，复制、发行录有其表演的录音录像制品，或者通过信息网络向公众传播其表演的，本法另有规定的除外；

（四）未经录音录像制作者许可，复制、发行、通过信息网络向公众传播其制作的录音录像制品的，本法另有规定的除外；

（五）未经许可，播放或者复制广播、电视的，本法另有规定的除外；

（六）未经著作权人或者与著作权有关的权利人许可，故意避开或者破坏权利人为其作品、录音录像制品等采取的保护著作权或者与著作权有关的权利的技术措施的，法律、行政法规另有规定的除外；

（七）未经著作权人或者与著作权有关的权利人许可，故意删除或者改变作品、录音录像制品等的权利管理电子信息的，法律、行政法规另有规定的除外；

（八）制作、出售假冒他人署名的作品的。

[《著作权法实施条例》相关规定]

第三十六条　有著作权法第四十八条所列侵权行为，同时损害社会公共利益，非法经营额 5 万元以上的，著作权行政管理部门可处非法经营额 1 倍以上 5 倍以下的罚款；没有非法经营额或者非法经营额 5 万元以下的，著作权行政管理部门根据情节轻重，可处 25 万元以下的罚款。

第三十七条　有著作权法第四十八条所列侵权行为，同时损害社会公共利益的，由地方人民政府著作权行政管理部门负责查处。

国务院著作权行政管理部门可以查处在全国有重大影响的侵权行为。

条文解读

《著作权法》第四十七条和第四十八条规定了各种违反著作权法行为承担责任的法律依据。值得注意的是如下两个方面。

1. 违法行为和侵害著作权行为

《著作权法》第四十七条和第四十八条共规定了十九种违法行为，大部分都对应对某一项或者某几项对著作权的侵犯，但也有的违法行为并没有侵害著作权，被规定为违法是因为其他考虑。例如，"未经著作权人或者与著作权有关的权利人许可，故意避开或者破坏权利人为其作品、录音录像制品等采取的保护著作权或者与著作权有关的权利的技术措施"，属于违法行为，但破坏技术措施本身并没有直接侵害著作权中的具体某个权项。

2. 诉讼时效问题

根据《最高人民法院关于审理著作权民事纠纷案件适用法律若干问题的解释》第二十八条的规定，侵犯著作权的诉讼时效为二年，自著作权人知道或者应当知道侵权行为之日起计算。权利人超过二年起诉的，如果侵权行为在起诉时仍在持续，在该著作权保护期内，人民法院应当判决被告停止侵权行为；侵权损害赔偿数额应当自权利人向人民法院起诉之日起向前推算二年计算。例如，2004 年 5 月，张三发现李四非法发行其作品，但并未阻止。2009 年 4 月，李四仍然未停止非法发行行为。张三遂诉诸法院。则虽然张三的起诉超过 2 年时效，但法院仍会受理，并且会根据张三诉请判令李四做出赔偿，赔偿数额计算区间为自起诉之日起向前推算两年。

［延伸思考一］

上述诸多侵害著作权的行为在认定侵权时都需要进行比对。以下以摄影作品为例，举一反三，说明侵权比对的一般思路。

近年来，文化消费领域似乎充斥着各种山寨产品：有人山寨了别人的电视剧，有人山寨了别人的综艺节目，有人山寨了春晚的服装……现在，又有网友指出，还有大量的山寨电影海报。例如，2015年的 3D 动作战争电影《战狼》票房极高，但见多识广的网友指出，《战狼》的一款海报与另一部美国大片《美国狙击手》"撞脸"了。2014 年年底，《战狼》发布了三款主题海报，其中一款海报上，主演吴京身穿军装侧脸面对镜头，海报以灰色为基调，左下角飘扬着一面鲜艳的国旗，意图向众人传达军人的血性信仰，引发爱国主义和民族主义的共鸣。立意虽好，但网友指出，这款海报与美国知名导演克林特·伊斯特伍德执导的大片《美国狙击手》的海报在构图、颜色上都极其相似（见下图）。那么，此种情形的电影海报，究竟是山寨他人作品的抄袭复制，还是借鉴他人作品的独立创作呢？

左：《战狼》海报　　　右：《美国狙击手》海报

1. 电影海报是一种融合了摄影、构图、绘画元素的美术作品

海报英文名为 *Posters*，中文名"招贴"或者"宣传画"，属于户外广告的一种，分布在影剧院、展览会、车站、公园等各种公共场所。在中国，海报这一名称，最早起源于上海。旧时，上海的人通常把职业性的戏剧演出称为"海"，而把从事职业性戏剧的表演称为"下海"，因为这一原因，作为剧目演出信息的具有宣传性的招徕顾客性的张贴物便被人们称为"海报"。在海报的诸多类型中，电影海报是常见的一种形式，主要通过选取电影剧情中具有强烈冲击力的剧照或者单独拍摄一张或者若干张剧照（非剧情中的），再配以其他文字、色彩，通过构图设计，实现吸引观众眼球的目的。

尽管电影海报的组成元素主要是剧照，但是对于多数电影海报而言，其构成元素包含剧照、绘画、图形、色彩和文字，因此从作品类型而言更接近于我国著作权法中的"美术作品"，即"以线条、色彩或者其他方式构成的具有审美意义的平面造型艺术作品"。一幅优秀的电影海报,其市场价格有时非常高昂。据报道,德国科幻电影《大都会》的海报曾于 2005 年开出售价 69 万美元并被人买走,而 7 年之后,这幅海报又重出江湖并挂出了 85 万美元的新价。可见,经过精心设计的电影海报,其市场价值非常可观。

2. 海报中的创意设计不是版权保护的客体

创意是指具有创造性的想法和构思,俗称点子、主意、策划等,是创意人将构思的"胸中之竹"转化为"手中之竹"的重要过程,属于"思想"范畴。而在著作权法中,有一条基石性的原则,就是"思想与表达二分法",指的是版权法只保护作品的表达,而不保护表达所体现的思想。可以看出,在著作权法的视野中,创意并不是法律所要保护的客体,而只有创意的表达才是法律所要保护的客体。那么,什么是创意? 什么又是创意表达呢?

以《美国狙击手》海报为例,其创意在于通过身着军装的主角,带着疲惫但坚毅的神情,配以迎风飘扬的国旗,衬以灰色基调,传达出军人的铁血精神和对国家的奉献精神。显然,从表达的思想和创意而言,《战狼》的确进行了借鉴(或者某种程度上的"复制"),因为画报上同样是吴京扮演的中国军人的持枪坚毅表情配以迎风飘扬的国旗。但是,正如前文所言,就宏观的创意而言,即使相同或者近似,也不涉及侵犯著作权。

3. 海报中的创意表达的近似比对

因此,电影海报是否侵权,重点在于其中画面具体表现形式是否相同或者近似。仍以《美国狙击手》海报为例,由于该海报是典型的

"剧照中心"设计，因此对海报画面的设计主要是对两幅剧照的比对。两幅剧照是否构成相同或者近似呢？

对于两幅剧照而言，假定《美国狙击手》海报的公开发表在前，那么《战狼》海报的设计者有可能接触并模仿，那么，这是否就意味着二者一定构成著作权法上的相同或者近似呢？

对于这样的问题，如果仅仅简单思考，可能会得出不合理的结果。例如，根据著作权侵权判定的"接触加实质性相似"的规则，这个例子中的在后作者事先很大可能接触过在先作者的作品，而且也采取了类似的创作方法进行创作，由于拍摄对象的同类性从而导致拍出的照片必然存在不同程度的相似性。然而，如果据此就判定为侵权，是否合理呢？如果判定在后拍摄者构成侵权，实质上就是在向公众传递一个信号，凡是构成摄影作品的拍摄对象、图景，作者都可取得对相应类型画面的垄断权，而这，明显构成一种不合理的垄断，不符合著作权法的价值理念。那么，应当如何合理确定摄影作品的独创性和侵权判定的边界呢？

摄影作品的独创性如何体现呢？《著作权法实施条例》第四条规定，摄影作品，是指借助器械在感光材料或者其他介质上记录客观物体形象的艺术作品。摄影作品的独创性，是指作者在拍摄过程中根据所拍摄产品的不同特性，选取了不同的场景、角度、光线和拍摄手法，体现了作者的创造性劳动，并非简单的机械性的记录过程。即使是最一般的照片，其成像过程也是拍摄者带有个性化选择的结果（构图、角度、光线和拍摄手法等方面的个性化判断和选择），因此事实上司法实践中鲜有因为摄影作品独创性太低而被判不构成作品的案例，例如有的法院的判决中承认即使是对汽车零件的客观摄影也可以构成作品。基于目前摄影作品的独创性标准较低的现状，笔者认为，要慎重判定关于同一场景或同一对象的照片间侵权的认定。原因很简单：在摄影作品独创性较低的现实前提下（如果没有明确的立法指导或者权威性的司法案例指引，这一现状难以改变），如果轻易认定同一场景或同一对象的照片间的侵权，就会导致先拍摄某个场景或者对象的作者垄断了与之相关的一切拍摄活动。但是我们知道，著作权保护的是照片的表达而不是思想，某个人在泰山发现了流星雨并用相机拍摄下来，并不意味着其他的人不能站在类似的位置拍摄同样的场景，因为"流星雨"属于人类认识的对象而不是创造的对象，认知过程属于主观思想范畴，如果禁止他人拍摄同样的"流星雨"实质上属于突破了"思想与表达二分法"的基本原则将思想也加以保护。那么，具体应当如何掌握同样表现对象照片间的侵权比对标准呢？

参照美国同类案件的标准，可以将摄影作品概括为呈现型、抓拍型及主题创作型三种类型，给予不同程度的版权保护。

（1）呈现型：未创造出某个场景，而仅是通过对拍摄角度、打光、阴影、曝光、效果、滤镜等技术手段的运用对客观呈现的对象进行拍摄而获得的智力成果。例如，在某个时间点站在泰山某个山峰从某个角度拍摄日出。

（2）抓拍型：一张极富价值的照片可能生成于摄影师在适当的时间、适当的地点按下了快门，这样的照片也可以认为是具有独创性的。比如 Catch of the Day 的摄影师在阿拉斯加的卡特迈国家公园中捕捉到了这样的画面：一条鲑鱼纵身跃进了一头棕熊张开的嘴巴里。

（3）主题创作型：表现为一个场景或主题是由摄影师创设的，例如在 ross v. Seligman 一案中，影师雇用了一名模特，摆出了特定的造型并拍摄了一张照片，并将该照片的版权转让给了他人。尔后，这名摄影师又雇用了同一名模特，以完全相同的姿势拍摄了一张照片，唯一的区别仅在于后一张照片中模特的唇齿间多了一颗樱桃。

笔者认为，对于"呈现型"和"抓拍型"照片而言，在先拍摄者不能阻止在后的作者针对类似场景或者同样场景拍出同样的照片，因为摄影作品所保护的并不是"其中所反映的客观存在的具体景观和事物"（参见我国"易荣猷"案判决）而是对这些客观事物的摄影表现（理论上世界上没有相同的两片树叶，因此不同的拍摄参数的选择，即使针对同样的景物也不可能拍摄出同样的照片，必然在艺术表现力和境界上能够区分）。因此，考虑到作者权益和公众利益的平衡，为了防止在先创作者垄断客观事物的"发现"，不应阻止在后创作者对同样对象的拍摄创作。正如 SHL Imaging, Inc. v. Artisan House, Inc. 一案中法官认为的那样，"原告不能阻止他人使用相同的架构，或使用相同的打光技术以及蓝天在镜子中的折射来获得成像。原告作品的独创之处在于，他精准的打光、相机架设的角度、镜头及滤镜的选取。独创性的基础在于经过这些人工智力选取而最终呈现的效果"。此外，对于"呈现型"和"抓拍型"照片，其艺术价值更多地在于摄影者本人的运气和技巧，例如在泰山某个特定角落苦等大半夜终于等到云霞流动选取到一个刁钻的角度拍出惊世的日出之作以及在原始森林等候数月之久终于拍摄到了野猪和黑熊争斗的照片，事实上在后创作者能够进行模仿的概率并不是很高。

对于"主题创作型"照片，则要一分为二地予以看待。对于此类照片创作，由于拍摄对象的造型的确凝聚了拍摄者的智力劳动，例如电影的剧照，一般是结合剧情和广告宣传需要"摆拍"的，拍摄对象并非自然呈现也不是对客观事物的"抓拍"，而是对经过摄影师特定设计造型的拍摄。因此，照片中的内容除了客观事物，还包含着摄影师的"智力创造"。但是，如同前文所言，对这种创造一定要限制在合理的边界之类，避免产生垄断创作的后果。笔者认为，"主题创作型"的照片要排除他人创作必须满足以下条件：第一，造型设计突破常规，具有一定的独创性，这是因为，普通的行为、动作，不能成为垄断的对象。第二，即使造型设计非同一般，但如果他人只是借鉴拍摄思路，但是更换了拍摄对象，同样不能成为垄断的对象。例如，在《战狼》海报中，拍摄的对象（人物和国旗）已经发生了完全变化，而且都是由摄影者重新、独立创作的，如果仅仅因为《美国狙击手》海报创作在前就禁止在后创作者针对"军人加国旗"的画面拍摄，显然是不合理的创作垄断。值得补充的是，要严格区分商标法侵权判定中的"混淆性近似"与版权法侵权判定的"实质相同"。对于商标而言，只要让消费者产生混淆误认，就可以构成侵权；对于作品而言，仅仅让消费者产生混淆是不够的，还必须要区分这种混淆是不是包含了不受著作权法保护的成分，在去除了这些不受保护的思想后，剩下的部分再进行比对。

4. 作品相似比对中应当排除的常见元素

由以上论述可以看到，人们之所以觉得《战狼》海报和《美国狙击手》海报近似，一方面是没有把不受保护的内容排除出视觉比对范围，另一方面是将构思混同为表达。那么，法律实践中，应当如何区分这些不受著作权法保护的思想元素呢？作品是由众多作品要素构成的，从创作作品的过程来看，有一些作品元素是很多作者在创作中常常用到的，在不同的作品类型中，体现思想的作品要素各不相同。例如，在美术作品、音乐作品、书法作品和舞蹈作品创作中表现为惯用技法和常见素材；在文学作品、戏剧作品和电影作品的创作中表现为剧情框架和惯用场景；在软件作品的创作中变现为设计思想、算法和通用处理方式；在摄影作品的创作中表现为拍摄技法、摄影角度、布局构思等，换言之，除非他人直接用相机翻拍作者的摄影作品，否则，他人即使对类似摄影对象按照相同的摄影构思、布局独立进行拍摄，即使最后所得的视觉效果相似，也不一定构成侵权。

［延伸思考二］

自 2015 年 11 月 1 日起施行的《中华人民共和国刑法修正案（九）》［以下简称"刑修（九）"］，增设了若干罪名，其中，对于知识产权保护尤其是著作权保护至关重要的条款，表现为在《刑法》第二百八十七条后新增的二条：

第二百八十七条之一 ［非法利用信息网络罪］

利用信息网络实施下列行为之一，情节严重的，处三年以下有期徒刑或者拘役，并处或者单处罚金：（一）设立用于实施诈骗、传授犯罪方法、制作或者销售违禁物品、管制物品等违法犯罪活动的网站、通讯群组的；（二）发布有关制作或者销售毒品、枪支、淫秽物品等违禁物品、管制物品或者其他违法犯罪信息的；（三）为实施诈骗等违法犯罪活动发布信息的。单位犯前款罪的，对单位判处罚金，并对其直接负责的主管人员和其他直接责任人员，依照第一款的规定处罚。有前两款行为，同时构成其他犯罪的，依照处罚较重的规定定罪处罚。

第二百八十七条之二 ［帮助信息网络犯罪活动罪］

明知他人利用信息网络实施犯罪，为其犯罪提供互联网接入、服务器托管、网络存储、通讯传输等技术支持，或者提供广告推广、支付结算等帮助，情节严重的，处三年以下有期徒刑或者拘役，并处或者单处罚金。单位犯前款罪的，对单位判处罚金，并对其直接负责的主管人员和其他直接责任人员，依照第一款的规定处罚。有前两款行为，同时构成其他犯罪的，依照处罚较重的规定定罪处罚。

1.《刑法》第二百八十七条新增内容对著作权保护的影响：刑法防卫线的"前推"

从上述规定，我们不难看出这两个条款对著作权犯罪刑法规制的两个特点：

（1）预备行为实行化。

按照传统的刑法理论，根据犯罪行为的严重程度不同，设置不同的既遂标准，分为危险犯、行为犯和结果犯。其中，刑法越是认为危险的行为，判定其达成犯罪要件圆满状态的时间越早，换言之，刑法防卫线被设置的时间点越早。例如，危险犯，指以行为人实施的危害行为造成法律规定的危险状态作为既遂标志的犯罪，典型的罪名如破坏交通设施罪，例如基于报复社会的动机而在铁轨上放置一块巨石，即使铁路上当时并无火车，但由于造成了一种法所不容的"危险状态"，同样达成犯罪的圆满状态，构成既遂。对于此类防卫线前推的现象，可以这样理解，"风险刑法将罪责的意蕴从'可非难性'转换为'预防必要性'，归责的过程不再是特定后果通过归因归咎于行为人的过程。因此，行为人无须知道损害，也无须建立起因果关系，只要是自己的风险决定违反刑法的风险规制，即应负起刑法上的法律责任"。❶

事实上，近年来，随着我国一些食品安全、质量事故、交通安全等恶性刑事案件的出现，人们开始正视一个事实：转型时期的我国开始进入一个"风险社会"。伴随着风险社会的来临，结果本位主义的刑法保护方式在预防"法律所不容许的危险"与法益保护方面日益显得力不从心，新型恶性刑事案件不但掠夺了权利人的经济权益，而且造成大量的质量、食品、安全事故，给社会带来极大的威胁，刑法管制面临着由罪责刑法向安全刑法的转变，而刑修（九）的上述规定，正体现了在这一背景下对网络犯罪的日益增长的危害作出的及时回应。

例如，按照之前的刑法规定，为实施侵害著作权罪而在网络上发布人员招聘广告或者发布盗版图书目录信息等行为，按照侵害著作权罪评价都属于前期行为或者预备行为（尚未达到既遂状态），然而，在刑修（九）实施后，却可以根据《刑法》第二百八十七条的新增之一条款的第（三）种情形直接以非法利用信息网络罪评价。

---

❶ 陈晓明. 风险社会之刑法应对 [J]. 法学研究，2009（6）.

（2）帮助行为正犯化。

所谓帮助行为正犯化，就是将表象上属于犯罪行为的帮助犯、实质上已具有独立性的"技术上的帮助犯"等帮助行为，扩张解释❶或通过立法规定为相关犯罪的实行犯，即不再依靠共同犯罪理论对其实现评价和制裁，而是将其直接视为"正犯"，直接通过刑法分则中的基本犯罪构成对其进行评价和制裁。例如，明知他人利用信息网络实施侵犯著作权罪，却为其犯罪提供互联网接入、服务器托管、网络存储、通讯传输等技术支持，或者提供广告推广、支付结算等帮助行为的，本来应该和侵害著作权罪的直接行为人构成共同犯罪，在地位和作用上应评价为从犯（次要或辅助作用），然而在刑修（九）实施后，却可以根据《刑法》第二百八十七条的新增之二条款，直接按照帮助信息网络犯罪活动罪评价，体现出典型的"帮助行为正犯化"的特征。

2. 第二百八十七条新增内容扩大了涉著作权的犯罪圈

在传统的侵犯著作权罪的视角中，很多严重侵犯著作权的行为并不被视为犯罪，因为刑法只关注"未经著作权人许可复制发行其文字、音像、计算机软件等作品，出版他人享有独占出版权的图书，未经制作者许可复制发行其制作的音像制品以及制作、展览假冒他人署名的美术作品"这四类行为，而其他侵犯著作权的行为即使同样严重，根据"罪刑法定"的原则也不能纳入"侵犯著作权罪"的视野，这导致了很多争议，以下试举两例。

（1）出售软件密钥的行为构成侵害著作权罪存在争议。

---

❶ 于志刚. 网络犯罪与中国刑法应对［J］. 中国社会科学，2010（3）.

2012年3月至2014年6月，被告人郑某通过网店出售软件加密锁，并附赠从著作权软件官方网站免费下载的软件等方式，变相销售广联达公司享有著作权的建筑工程计价、土建算量等软件，销售金额共计220余万元。经鉴定，郑某所销售的加密锁利用其加密程序修改了广联达软件的加密程序，能解除广联达软件的加密功能，从而实现对广联达软件破解使用。法院经审理后认为，被告人郑某行为已构成侵犯著作权罪，判决被告人郑某有期徒刑5年，罚金120万元。

对于这一判决，存在着相反的意见，即认为行为人出售软件密钥的行为仅仅构成著作权侵权行为，但并不构成犯罪。这是因为，根据刑法的规定，侵犯著作权罪，是指以营利为目的，未经著作权人许可实施了四类行为："（一）未经著作权人许可，复制发行其文字作品、音乐、电影、电视、录像作品、计算机软件及其他作品的；（二）出版他人享有专有出版权的图书的；（三）未经录音录像制作者许可，复制发行其制作的录音录像的；（四）制作、出售假冒他人署名的美术作品的。"不难看出，出售软件密钥的行为，本质上属于破坏著作权人对作品技术保护措施的侵权行为，并没有被规定为侵犯著作权罪的行为类型。所谓破坏保护措施，是指未经著作权人或者与著作权有关的权利人许可，故意违法避开或者破坏权利人为其作品、录音录像制品等采取的保护著作权或者与著作权有关的权利的技术措施。因此，在郑某一案中，相反意见认为，由于其出售的软件有合法来源（系从著作权软件官方网站免费下载），因此其并未侵犯著作权人的复制权；又由于软件可以通过公开渠道获得，所以其也没有侵犯著作权人的发行权；其出售软件密钥的行为，构成了对著作权人作品技术保护措施的破坏，构成侵权，但根据"罪刑法定"的原则，并不构成侵犯著作权罪。

（2）深度链接侵害著作权的行为构成侵害著作权罪存在争议。

2014 年 5 月，由上海市静安区人民检察院提起公诉的全国首例"加框链接"影视作品侵犯著作权案一审判决，被告人张某以"加框链接"的方式将非法境外网站的影片源发布在自己建立的网站上，并获取广告收益 10 余万元，构成侵犯著作权罪。普陀区法院最终判处张某有期徒刑 1 年 3 个月，缓刑 1 年 3 个月，并处罚金 3 万元。一审判决后，被告人张某未提起上诉，该判决已经生效。在该案中，核心问题之一就是深度链接是否可以构成侵害著作权罪。

所谓深度链接，一般不直接链接到网站的网页，而是直接链接到下面几级目录下的网页，用超级链接的方式，或者是点击之后在不脱离设链网站的情况下，从被链网站能够下载，或者在线打开的链接方式。反对深度链接行为入罪的学者认为，深度链接并未直接侵犯作品本身，没有上传作品行为，充其量是指引网络用户找到作品的居间路径，因此不能构成直接侵犯信息网络传播权，只能是侵犯信息网络传播的帮助行为。从理论上说，深度链接行为可能构成侵犯著作权罪的片面共犯但是由于深度链接的特殊性以及实践的局限性，认定深度链接构成共犯存在现实障碍：第一，深度链接帮助行为对象的不特定性影响片面共犯的成立；第二，深度链接行为可能缺乏片面共犯的故意。❶

显然，上述行为虽然在原有的刑法适用上存在"罪刑法定"的法

---

❶ 林清红，周舟. 深度链接行为入罪应保持克制 [J]. 法学，2013（9）.

律适用争议，然而其社会危害性却是显而易见的，在刑修（九）实施后，只要上述行为涉及利用信息网络实施侵犯他人著作权的违法行为或者为他人实施侵犯著作权罪提供网络便利条件的，情节达到法定的严重程度，就可以用第二百八十七条新增内容进行刑法评价，从而实现了对具有相当社会危害行为的刑法评价的体系上的完善和漏洞上的弥补。

3.《刑法》第二百八十七条新增内容中的"故意"

从第二百八十七条新增内容来看，不难看出"之一"（非法利用信息网络罪）和"之二"（帮助信息网络犯罪活动罪）都要求行为人的犯罪以"故意"为行为人的主观构成要件。其中，"之一"的故意不难认定，而"之二"中的故意是"明知"他人利用信息网络实施犯罪，为其犯罪提供互联网接入、服务器托管、网络存储、通讯传输等技术支持，或者提供广告推广、支付结算等帮助，那么，这个"明知"应当如何掌握认定标准呢？

笔者认为，对于提供不同服务内容的服务商，其对用户行为的控制力度不同，相应的注意义务也不完全相同。例如，提供互联网接入服务，就是通过自己的硬件设施向用户提供电线、光缆或微波的方式接入互联网服务。用户接入互联网后，服务商提供的硬件设施仅仅成为用户进入互联网的通道，服务商无法控制信息内容。对于这类服务，由于服务商难以控制用户后续行为，因此承担较低的注意义务，一般限于明知用户接入网络的目的就是实施犯罪才能认定为"明知"。相对地，对于那些提供网络存储服务的，特别是那种封闭或半封闭的论坛类管理者，就要承担较高的注意义务。

那么，如何认定服务商是否主观上存在过错呢？在知识产权法上，有一条"红旗规则"，即如果他人的侵权行为或者犯罪行为像一面红旗一样在网络服务商面前公然飘扬，服务商就无法推诿自己并不知情。《信息网络传播权保护条例》第二十二条借鉴了这一规则，将"不知道也没有合理的理由知道服务对象提供的作品、表演、录音录像制品侵权"作为提供信息服务的网络平台服务提供商免责的条件之一。显然，对于一些明显的侵权或者犯罪事实，网络服务商应当尽到足够的注意义务，不能为了吸引用户提高关注度或者广告费用而放任侵权或者犯罪的发生，例如，对于诸如一些知名作者的作品在自己的网络平台上以不合理的低价被他人大肆销售的，就应当引起必要的注意，特别是在收到权利人通知后应当立即删除，否则对损害的扩大部分与侵权网络用户承担侵权连带责任或者刑事责任。

例如，对于下列 5 类作品，网络服务商应当重点关注：

（1）权利人向网络服务商发送了权利公示或者声明的作品。此类属于典型的被动删除义务和"通知删除规则"的应有之义，毋庸赘言。

（2）根据权利人通知已有移除记录的作品。此类作品由于权利人已经先行通知，并且服务商已经有移除记录，因此同样应和第（1）类赋予同等的注意义务。

（3）版权行政管理部门公布的重点监管作品。此类作品由国家版权机关明令重点监管，作为守法经营的网络服务商当然有重点注意之义务。

（4）正在热播、热卖的作品。此类作品是适用"红旗规则"的典型情形，对于哪些正在热播、热卖的作品，普通人尚且能注意其版权问题，网络服务商更不能托词不知情。

（5）出版、影视、音乐等专业机构出版或者制作的作品。此类作品也带有明显的版权信息，即此类作品的网络传播按常理必然要得到授权，否则违反一般人的经验认识，因此网络服务商也要赋予足够的注意。

从刑修（九）第二百八十七条新增内容的表述不难看出，当涉及侵害著作权时，行为人很可能构成竞合，换言之，既构成侵害著作权罪（为他人犯罪提供互联网接入、服务器托管、网络存储、通讯传输等技术支持，或者提供广告推广、支付结算等帮助的从犯），又构成第二百八十七条新增犯罪。那么，此时应当如何定罪量刑呢？

笔者认为，刑修（九）之所以要将这种行为的刑法防卫线前推，正是为了加大对此类行为的打击力度，因此，原则上，在发生竞合的情形下，在量刑幅度相当时，原则上应当以第二百八十七条新增罪名评价，但是，当行为人按照共同犯罪的罪名预计得到的刑罚要重于第二百八十七条新增罪名（三年以下有期徒刑或者拘役）时，按照刑修（九）第二百八十七条的规定，仍然"依照处罚较重的规定定罪处罚"，即仍然以侵害著作权罪定罪量刑。

第四十九条 【侵权赔偿计算】

侵犯著作权或者与著作权有关的权利的，侵权人应当按照权利人的实际损失给予赔偿；实际损失难以计算的，可以按照侵权人的违法所得给予赔偿。赔偿数额还应当包括权利人为制止侵权行为所支付的合理开支。

权利人的实际损失或者侵权人的违法所得不能确定的，由人民法院根据侵权行为的情节，判决给予五十万元以下的赔偿。

条文解读

这一条规定了三种侵权赔偿的计算方法："实际损失法""侵权所得法"和"法定赔偿法"。必须指出，实践中很多权利人都抱怨法定赔偿法计算结果过低，但是又不愿意花费成本和时间去细致、周全地取得自己实际损失或者对方侵权所得的证据并形成可信的证据链，因此在前两种计算方法原告举证不能的情况下法院只能适用法定赔偿。

第五十条 【诉前保全】

著作权人或者与著作权有关的权利人有证据证明他人正在实施或者即将实施侵犯其权利的行为，如不及时制止将会使其合法权益受到难以弥补的损害的，可以在起诉前向人民法院申请采取责令停止有关行为和财产保全的措施。

人民法院处理前款申请，适用《中华人民共和国民事诉讼法》第九十三条至第九十六条和第九十九条的规定。

条文解读

本条规定了诉前担保。"诉前行为保全"（诉前禁令），是指法院为了保护当事人一方的合法权益，避免损失的扩大，在诉讼前责令另一方当事人为一定行为或者不为一定行为的民事强制措施，具体体现在现行《中华人民共和国民事诉讼法》（以下简称《民诉法》）第一百条第一款："人民法院对于可能因当事人一方的行为或者其他原因，使判决难以执行或者造成当事人其他损害的案件，根据对方当事人的申请，可以裁定对其财产进行保全、责令其作出一定行为或者禁止其作出一定行为；

当事人没有提出申请的，人民法院在必要时也可以裁定采取保全措施。"

现行《民诉法》的保全制度包括财产保全和行为保全，那么，两种保全形式有何区别呢？具体而言，二者主要存在三个区别：第一，设立的目的不同。财产保全的主要目的在于使将来的判决得以顺利执行，行为保全虽然也包含了这一目的，但更主要的目的是防止不法行为继续进行或者防止损失扩大。第二，保全的对象不同，财产保全的对象是被申请人的财产，而行为保全的对象则是被申请人的行为。第三，保全的措施不同，财产保全一般采取扣押、冻结等方法，而行为保全则采取停止妨害、限制活动等方法。从行为保全和财产保全的区分可以看出，行为保全适用于金钱请求权以外的请求权，即请求相对人为一定行为或者不为一定行为，例如停止侵害、排除妨碍、消除危险等，只要属于金钱请求权以外的请求权，无论其基于知识产权、物权、人身权或者不正当竞争损害等原因，行为保全均可适用。对于法院适用行为保全的裁量条件，参照《最高人民法院关于对诉前停止侵犯专利权行为适用法律问题的若干规定》第十一条的规定，可以归纳为四个方面：第一，被申请人正在实施或即将实施的行为是否对申请人的权益造成了侵害；第二，不采取行为保全措施，是否会给申请人的合法权益造成难以弥补的损害；第三，申请人提供担保的情况；第四，采取行为保全措施后是否会损害社会公共利益。

对于影视文学类的知识产权权利人而言，其权利被侵害往往具有突发性、即时性和扩大性，如果启动诉讼将有较长周期，为了能够迅速有效的制止侵权结果的扩大，就要充分运用"诉前行为保全"制度来及时维护自己的合法权益。

第五十一条　【证据保全】

为制止侵权行为，在证据可能灭失或者以后难以取得的情况下，著作权人或者与著作权有关的权利人可以在起诉前向人民法院申请保全证据。

人民法院接受申请后，必须在四十八小时内作出裁定；裁定采取保全措施的，应当立即开始执行。

人民法院可以责令申请人提供担保，申请人不提供担保的，驳回申请。

申请人在人民法院采取保全措施后十五日内不起诉的，人民法院应当解除保全措施。

条文解读

这一条主要规定了"证据保全"的程序，对著作权人维权非常重要。因为侵权证据（如财务账册或者侵权物品）的及时保全，不但是获得涉案证据，而且对于计算侵权赔偿数额关系重大。

第五十二条 【没收侵权物品】

人民法院审理案件，对于侵犯著作权或者与著作权有关的权利的，可以没收违法所得、侵权复制品以及进行违法活动的财物。

条文解读

本条实际上给出了一条实现"销毁侵权产品"的途径。在知识产权诉讼中，原告经常会提出"销毁侵权产品"的诉请，然而难以得到法院认可。原因在于，所谓"销毁侵权产品"，是指销毁涉及侵犯知识产权的出版物、商品、产品等，关联的措施还包括销毁制造侵权产品的模具、专用设备等。从《民法通则》第一百三十四条可以看出，销毁侵权产品并不属于法定的民事责任方式或者民事制裁措施，其在性质上属于行政处罚措施。例如，《商标法》第六十条规定，"……工商行政管理部门处理时，认定侵权行为成立的，责令立即停止侵权行为，没收、销毁侵权商品和主要用于制造侵权商品、伪造注册商标标识的工具……"《著作权法》第四十八条也有类似规定。由此可以看出，作为一种行政处罚措施，"销毁侵权产品"作为民事责任方式或者民事制裁措施的适用并没有法律根据，因此相应的诉请自然难以得到法院的支持。

尽管"销毁侵权产品"的诉请没有法律依据，但依据本条，权利人可以主张"侵权产品"属于进行违法活动的财物并请求法院依职权"收缴"，从而实现与"销毁侵权产品"同样的诉讼目的。

第五十三条 【合法来源】

复制品的出版者、制作者不能证明其出版、制作有合法授权的，复制品的发行者或者电影作品或者以类似摄制电影的方法创作的作品、计算机软件、录音录像制品的复制品的出租者不能证明其发行、出租的复制品有合法来源的，应当承担法律责任。

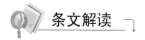

条文解读

这一条实际上暗含了一条抗辩规则：如果相关主体可以证明涉嫌侵权的复制品有"合法来源"，可以根据具体案件情形免除或者减轻法律责任。但是，由于著作权侵权并不要求行为人有过错，所以，即使相关主体有效证明了"合法来源"，如果复制品构成侵权的，仍然要停止侵权，只是不需要承担侵权赔偿责任而已。在证明"合法来源"方面，相关主体可以提供正规有效的发票、单据、购买记录、出入货收据、财务证明等。

第五十四条 【合同义务】

当事人不履行合同义务或者履行合同义务不符合约定条件的，应当依照《中华人民共和国民法通则》《中华人民共和国合同法》等有关法律规定承担民事责任。

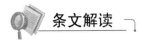 条文解读

这一条说明了以著作权为内容的合同关系，仍然要遵守合同法和民法通则的有关规定。

第五十五条　【调解和仲裁】

著作权纠纷可以调解，也可以根据当事人达成的书面仲裁协议或者著作权合同中的仲裁条款，向仲裁机构申请仲裁。

当事人没有书面仲裁协议，也没有在著作权合同中订立仲裁条款的，可以直接向人民法院起诉。

条文解读

这一条说明了解决著作权纠纷的三条途径：调解、仲裁和诉讼。

第五十六条 【对处罚不服】

当事人对行政处罚不服的，可以自收到行政处罚决定书之日起 3 个月内向人民法院起诉，期满不起诉又不履行的，著作权行政管理部门可以申请人民法院执行。

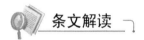

条文解读

这一条需要注意的是"3 个月"的期限。

第五十七条 【著作权和版权】

本法所称的著作权即版权。

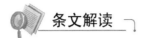 条文解读

"著作权"是大陆法系的概念，强调以人格权益为中心的作者权；"版权"是英美法系概念，强调以投资劳动为中心的财产化的权益。尽管如此，但两大法系有日趋融合的趋势，我国著作权法兼采两者之长。

第五十八条 【第二条之"出版"】

本法第二条所称的出版，指作品的复制、发行。

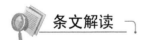 条文解读

本条说明，如果"外国人、无国籍人的作品首先在中国境内仅仅发生了复制行为的"，也依照本法享有著作权。

第五十九条 【计算机软件和信息网络传播权的保护办法】

计算机软件、信息网络传播权的保护办法由国务院另行规定。

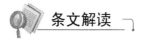 条文解读

参见《计算机软件保护条例》和《信息网络传播保护条例》。

第六十条 【本法适用条件】

本法规定的著作权人和出版者、表演者、录音录像制作者、广播电台、电视台的权利，在本法施行之日尚未超过本法规定的保护期的，依照本法予以保护。

本法施行前发生的侵权或者违约行为，依照侵权或者违约行为发生时的有关规定和政策处理。

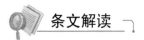 条文解读

本条主要说明了适用本法在时间上的限制。由于著作权各项权利的保护期较长，所以实践中除了特殊情况（例如年代过于久远的作品），一般都可以受到著作权法的保护。实践中也出现过年代久远的著作权纠纷，发生在著作权法施行之前，法院一般会考察当时环境下的具体情况、通行习惯、一般规则和政策法规的等因素综合考虑。

第六十一条 【施行时间】

本法自 1991 年 6 月 1 日起施行。

条文解读

目前《著作权法》面临修订，2014 年 6 月，国务院法制办公布了《中华人民共和国著作权法（修订草案送审稿）》并征求意见。